KB200781

하나님나라에서
예수 그리스도의 이름으로
사는 자

하나님나라에서
예수 그리스도의 이름으로
사는 자

손기철

규장

예수 그리스도 이름으로
주의 일을 하는 당신에게

세상에서는 힘이나 권세 있는 사람의 이름을 사용해서 엄청난 영향을 끼치는데, 우리는 모든 이름 위에 뛰어나신 이름, 예수 그리스도의 이름을 가지고도 세상은커녕 자기 자신도 변화시키지 못하고 있습니다. 열심히 노력하지만 말씀과 삶이 일치되지 않고, 주의 뜻대로 살지 못하는 자신을 바라보며 많은 그리스도인들이 자괴감마저 느끼곤 합니다.

삶의 여러 가지 의문들에 대한 나름의 진단과 처방이 나오지만 안타깝게도 어느 것 하나 효과가 없는 것 같습니다. 무엇이 잘못되었는지, 어디서부터 새롭게 해야 할지 몰라 각자도생 하고, 그럴수록 이단들이 판을 치는 위험한 상황이 오늘의 현실입니다. 그러나 지금의 위기는 하나님께서 주신 새로운 기회이기도 합니다. 지금이야말로 하나님나라와 예수 그리스도의 이름을 새롭게 깨닫고 누리고 전해야 할 때라고 생각합니다.

이 책은 빌립이 사마리아에서 전도한 핵심인 하나님나라와 예수 그리스도의 이름의 복음을 다시 한번 깨닫도록 하기 위해 쓰게 되었습니다. '하나님나라'와 '예수 그리스도의 이름'이라는 이 두 요소는 신구약을 아우르는 복음의 핵심이자 복음의 전부라고 할 수 있습니다.

> 빌립이 하나님나라와 및 예수 그리스도의 이름에 관하여 전도함을 그들이 믿고 남녀가 다 세례를 받으니 행 8:12

그런데 안타깝게도 오늘날 신앙생활을 하는 많은 성도들이 복음은 예수 그리스도를 믿고 죄 사함을 받는 것이고, 하나님나라는 죽은 다음에 가는 천국 정도로 생각하고 있습니다. 따라서 이 책이 다음 네 가지 질문에 대한 답을 줄 수 있고 새로운 삶을 살기 원하는 하나님의 자녀들에게 도움이 되기를 바랍니다.

① 하나님나라와 예수 그리스도의 이름은 어떤 관계가 있습니까? 교회 다니는 것과 하나님나라를 이루는 것은 어떤 관계인가요? ② 구원받고 열심히 신앙생활을 하는데 왜 내 삶에는 열매가 없고 변화가 없을까요? 얼마나 더 기도하고 노력하고 거룩한 삶을 살아야 합니까? ③ 오늘날 수많은 교회가 있고 귀한 말씀이 있는데도 왜 교회와 성도들은 이 세상에 영향을 끼치지 못할까요? 어떻게 하면 말씀과 성령과 삶이 일치되는 신앙생활을 할 수 있습니까? ④ 약속하신

말씀과 달리 왜 내 기도와 삶에 예수 그리스도 이름의 능력이 나타나지 않을까요? 어떻게 하면 예수 그리스도의 이름으로 주의 뜻을 이루는 삶을 살 수 있습니까?

이 책은 하나님나라의 관점에서 하나님의 뜻과 예수님의 행하심과 우리의 구원과 삶에 대한 성경적 기초와 더불어서 구원받은 우리가 이미 도래한 현재적 하나님나라에서 하나님의 자녀로서 예수 그리스도의 이름으로 어떻게 주의 뜻을 이루어가야 하는지 나누고 있습니다.

저는 독자들이 기도하는 마음으로 이 책을 읽고 하나님나라의 복음과 진정한 구원의 의미를 이해하고, 자신이 예수 그리스도 안에서 누구인지 깨닫고, 더 이상 자녀가 되려고 애쓰지 않고 자녀답게 사는 것을 배우고, 하나님나라의 사고방식으로 세상을 보고 말하는 것을 훈련하며, 속사람이 겉사람을 뚫고 나타나는 새로운 탄생을 매일 경험하고, 무엇을 하든지 말에나 일에나 다 예수 그리스도의 이름으로 하고, 주의 말씀을 믿는 것이 아니라 주의 말씀대로 내게 이루어진 것을 고백하고, 날마다 기적과 하나님의 은혜를 경험하는 삶을 살기를 간절히 소망합니다.

이 책은 2008년도에 쓴 《왕의 기도》(예수 그리스도의 이름으로 선포하는 기도)와 짝을 이루는 책으로 실천적 이론서에 해당합니다. 더 나아가 하나님의 자녀의 정체성과 삶 그리고 하나님나라의 사고방식에 대해서 좀 더 깊이 있게 배우고 체험할 수 있도록 하였습니다. 그것을 위해서 각 장 말미에 질문과 토론을 두어 교회 내 모임에서 교재로 사용할 수 있도록 하였습니다. 저는 이 책을 읽고 나서 다시 한 번 《왕의 기도》를 읽어보시기를 권합니다. 분명히 하나님의 자녀로서 예수 그리스도의 이름의 능력을 더 깊이 체험하게 될 것이며 그 결과 날마다 하나님나라에서 사도행전 29장의 삶을 살게 될 것입니다.

날마다 예수 그리스도 안에서 성령님을 통하여 하나님 아버지와 교제하며, 하나님의 말씀과 사랑으로 마음을 새롭게 하고, 예수 그리스도의 이름으로 주의 일을 행하는 하나님의 하루를 살아가시기를 축복하며, 이 책을 읽고 가슴이 뛸 당신을 위해 기도합니다.

박사 | HTM 대표

Contents

예수 그리스도 이름의
생명과 능력으로 사십시오!

기독교의 핵심은 십자가 사건입니다. 그러나 십자가 사건의 실제적인 열매는 오순절에 시작되었습니다. 기독교는 기적으로 시작되었고, 기적으로 전파되었으며, 지금도 기적으로 열매 맺고 있습니다. 그 기적은 바로 이 땅에 도래한 하나님나라에서 예수 그리스도의 이름으로 일어났습니다.

> 빌립이 하나님나라와 및 예수 그리스도의 이름에 관하여 전도함을 그들
> 이 믿고 남녀가 다 세례를 받으니 행 8:12

기독교는 종교가 아니라 우리 안에 계신 하나님의 생명입니다. 기독교는 이성으로 이해되는 것이 아니라 하나님께서 예수 그리스도 안에 있는 우리를 통하여 그 생명을 나타내시는 것입니다. 그 일을 위해서 인자(人子)로 오신 예수님께서는 공생애 동안에 말씀을 가르치시고 하나님나라를 선포하시고 보여주셨고, 우리도 예수님처럼

하나님나라의 일을 행하도록 하셨습니다.

> 예수께서 모든 도시와 마을에 두루 다니사 그들의 회당에서 가르치시며 천
> 국 복음을 전파하시며 모든 병과 모든 약한 것을 고치시니라 마 9:35

> 내가 너희에게 분부한 모든 것을 가르쳐 지키게 하라 볼지어다 내가 세
> 상 끝날까지 너희와 항상 함께 있으리라 하시니라 마 28:20

예수님께서 우리에게 행하라고 하신 일들은 이 땅에서 왕 같은 제
사장으로 하나님의 선한 일과 아름다운 덕을 나타내는 것입니다.
그것은 인간의 노력이나 능력으로 할 수 있는 일이 아니라 오직 하
나님만이 하실 수 있는 일이었습니다. 그래서 그 일들은 기적, 즉 기
사와 표적이라고 불립니다.

실제 성경은 하나님께서 행하신 기적, 하나님께서 쓰신 사람들의
기적, 예수님께서 행하신 기적, 예수 그리스도 안에 있는 사람들이
행한 기적으로 가득 차 있습니다. 오늘날 기독교는 기적을 통하여
하나님께서 친히 통치하시는 새로운 세상과 새로운 삶을 보여주어
야 함에도 불구하고, 하나님의 생명을 종교 활동으로, 기적을 이성
으로, 하나님을 우리로 대체시켜버렸습니다.

우리는 종교 활동이 아니라 하나님의 자녀로서 하나님나라의 삶

을 살아야 합니다. 그러기 위해서는 말씀에 관한 지식이 아닌 말씀이신 하나님의 생명을 구해야 합니다. 우리의 뇌와 마음에 기초한 이성이 아닌 하나님의 진리에 따른 이성이 회복되어야 합니다. 이성은 기적을 부인하기 위한 것이 아니라 그 기적을 받아들이기 위해 사용되어야 합니다.

오늘날의 그리스도인은 하나님의 말씀을 들을 때 생명으로 듣는 것이 아니라 자신이 주체가 되어 지식과 정보로만 듣습니다. 또한 말씀을 믿는 것이 아니라 말씀에 대한 자신의 판단(생각과 감정)을 믿고 있습니다. 그렇기 때문에 말씀을 듣는 것과 삶이 변화되는 것이 분리되어버렸습니다. 이해하지 못했던 하나님의 말씀을 풀어주고, 지식적으로 뛰어나 감탄이 터져 나오게 하고, 우리의 감정에 호소하여 눈물을 흘리게 하고, 우리 삶의 문제를 정확히 분석해서 문제가 무엇인지 알려주는 뛰어난 설교들이 있습니다. 그렇지만 그런 설교들은 우리의 죄와 문제를 인식하게만 할 뿐 정작 우리의 삶을 변화시키지 못하는 것이 오늘 기독교의 현주소인 것 같습니다.

> 이 백성들의 마음이 완악하여져서 그 귀는 듣기에 둔하고 눈은 감았으니 이는 눈으로 보고 귀로 듣고 마음으로 깨달아 돌이켜 내게 고침을 받을까 두려워함이라 하였느니라 마 13:15

말씀은 영이요 생명이며 그 말씀이 곧 하나님이십니다. 따라서 말씀을 들을 때 마음이 새로워지고 삶이 변화되는 기적이 일어나야 합니다. 그런데 말씀을 듣는 것은 듣는 것이고, 자신을 변화시키는 것은 그 말씀을 가지고 스스로 감당해야 할 또 다른 일이 되어버렸습니다.

변화받기 위하여 간절한 마음으로 말씀을 상고하지만 그 말씀의 실체가 자신의 삶에 나타나지 않고 있습니다. 즉 복음의 능력이 우리의 평범한 일상에 나타나지 않는다는 것입니다. 왜냐하면 말씀을 머리에 지식으로만 보관할 뿐 그 말씀을 마음에 심어 생명이 나타나도록 하지 않기 때문입니다. 영이요 생명인 하나님의 말씀의 실체를 경험하게 될 때 우리를 변화시키시는 분은 성령님이시며, 그 일은 예수 그리스도의 이름으로 살아갈 때 이루어진다는 것을 알게 될 것입니다.

또 이르시되 하나님의 나라는 사람이 씨를 땅에 뿌림과 같으니 막 4:26

하나님의 나라는 말에 있지 아니하고 오직 능력에 있음이라 고전 4:20

하나님나라의 삶을 산다는 것은 우리가 성령 하나님을 통하여 하나님 아버지의 통치 안에 거하며, 우리 안에 계신 예수 그리스도의 이름으로 주의 말씀의 실체를 경험하는 것입니다. 예수 그리스도의 이름으로 사는 것은 하나님으로부터 무언가를 받아내기 위한 수단으로 예수 그리스도의 이름을 사용하는 것이 아닙니다. 예수 그리스도의 이름으로 산다는 것은 하나님과 관계한다는 뜻입니다. 우리가 예수 그리스도의 이름으로 살기 위해서는 하나님나라의 복음과 우리와 하나님과의 관계를 제대로 이해해야 합니다.

그러면 2천 년 전에는 예수 그리스도의 이름으로 모든 것이 이루어졌는데, 오늘날에는 왜 예수 그리스도의 이름으로 이루어지는 것을 찾아보기 힘들까요? 예수 그리스도의 이름을 사용하지 않을 뿐만 아니라 귀하게 여기지도 않는 시대가 되어버린 것 같습니다. 매년 12월이 되면 예수 그리스도의 탄생을 그토록 기뻐하고 축하하면서 왜 정작 예수 그리스도의 이름은 사용하지 않는 시대가 되어버렸을까요?

예수님이 전하신 하나님나라의 복음은 예수 그리스도의 이름으로 이루어집니다. 하나님의 자녀인 우리는 모든 말에나 일에 예수 그리스도의 이름으로 행해야 하며, 그의 나라와 의를 구해야 하며, 그분을 힘입어 하나님 아버지께 감사와 영광을 올려드려야 합니다.

> 또 무엇을 하든지 말에나 일에나 다 주 예수의 이름으로 하고 그를 힘입어 하나님 아버지께 감사하라 골 3:17

오늘날 이 세대를 한마디로 표현하자면 '예수 그리스도의 이름을 잃어버린 세대'라고 할 수 있습니다. 다른 말로 하면, 예수님을 마치 우상처럼 숭배하기는 하나 예수 그리스도의 생명을 나타내지는 않는 시대라는 것입니다.

예수님께서 약속하신 대로 오순절에 성령께서 강림하신 후에 예수 그리스도의 이름이 무엇인지 깨달은 사도 베드로처럼 우리 모두 은과 금에 비할 수 없이 소중한 예수 그리스도의 이름으로 주의 일을 행하는 삶을 살아가야 합니다. 주님께서 이 땅을 하나님나라로 바꾸기 위해서 우리에게 주신 지식의 열쇠가 성령님이시고, 천국 열쇠가 바로 예수 그리스도의 이름입니다.

질문&토론

1. 예수님께서 공생애 동안에 행하신 하나님의 일은 인간의 노력이나 능력으로 행할 수 있는 일들입니까?

- 초대 교회는 세상이 하지 않는 일을 행하는 곳일 뿐만 아니라 인간이 할 수 없는 일을 행하고 보여주는 곳이었습니다. 그렇다면 지금의 교회는 어떻습니까? (고전 4:20)

- 예수님께서는 우리에게 단지 복음을 전하는 것만이 아니라 예수님께서 행하신 일들을 행하라고 하셨습니다. 그런데 우리는 지금 어떻게 살고 있습니까? (마 28:18-20)

2. 왜 매주 말씀을 듣고 성경공부를 하는데도 우리의 삶이 변화되지 않는 것일까요?

- 우리는 예수님에 대해서 알기 원하지만 그분의 생명 안에 거하는 것이 무엇인지 체험하지 못하고 있습니다. (요 5:38-40)

- 우리는 하나님의 생명인 말씀을 체험하기보다 우리의 이성으로 하는 종교 활동에 만족하고 있습니다. (고전 2:9,10)

3. 왜 우리는 사도들이 행했던 것처럼 예수 그리스도의 이름으로 주의 일을 행하지 못하는 것일까요?

- 예수님께서는 십자가를 지시기 전에 제자들에게 "그 날에는… 지금까지는 너희가 내 이름으로 아무것도 구하지 아니하였으나 구하라 그리하면 받으리니 너희 기쁨이 충만하리라"라고 말씀하셨습니다. (요 16:23,24)

- 그 말씀은 오순절 성령강림을 경험한 사도와 제자들에게 그대로 이루어졌으며, 하나님의 자녀도 그렇게 할 수 있다고 말씀하셨습니다. (막 16:17,18)

- 지금은 은과 금이 예수 그리스도의 이름보다 훨씬 더 귀하게 여겨지고 있습니다. 도리어 은금을 얻기 위해 예수 그리스도의 이름을 도용하고 있습니다. (행 3:6)

chapter 1

하나님의 창조와
인간의 타락

하나님나라에서
예수 그리스도의 이름으로
사는 자

1
인간은 다스림을 받는 존재인가,
아니면 다스리는 존재인가?

어떤 사람은 예수 그리스도를 믿고 구원을 얻었는데 죽고 난 다음에 당연히 알게 될 하나님나라의 지식이 굳이 지금 왜 필요한지 반문할지도 모르겠습니다. 그렇다면 사도행전 8장에서 빌립이 어떻게 전도하였는지 생각해보십시오.

> 빌립이 하나님나라와 및 예수 그리스도의 이름에 관하여 전도함을 그들이 믿고 남녀가 다 세례를 받으니 행 8:12

그 이유는 예수 그리스도께서 전하신 복음이 이 땅에 도래한 하나님나라의 복음이고, 그 하나님의 나라가 바로 예수 그리스도의 나라이기 때문입니다.

> 너희도 정녕 이것을 알거니와 음행하는 자나 더러운 자나 탐하는 자 곧 우상숭배자는 다 그리스도와 하나님의 나라에서 기업을 얻지 못하리니 엡 5:5

또한 하나님께서 불신자들이 하나님나라로 들어올 수 있도록, 그리고 하나님의 자녀들이 하나님나라에서 주의 뜻을 이루도록 주신 열쇠가 바로 예수 그리스도의 이름이기 때문입니다.

따라서 예수 그리스도의 이름이 무엇이며, 왜 예수 그리스도의 이름에 능력이 있으며, 믿는 자를 통해서 어떻게 그 능력이 나타나야 하는가에 대한 답을 얻기 위해서는 단지 예수 그리스도에 대한 믿음뿐만 아니라 먼저 하나님의 창조 역사와 그의 나라에 대한 이해가 있어야 합니다.

하나님께서는 당신의 뜻을 이루시기 위해서 먼저 천지 만물을 창조하신 다음 인간을 만드셨습니다. 그때 하나님께서는 인간을 삼위 하나님의 형상을 따라 모양대로 지으시고, 하나님의 생명을 불어넣어주셔서 하나님의 자녀가 되게 하셨습니다.

하나님이 이르시되 우리의 형상을 따라 우리의 모양대로 우리가 사람을 만들고 그들로 바다의 물고기와 하늘의 새와 가축과 온 땅과 땅에 기는 모든 것을 다스리게 하자 하시고 하나님이 자기 형상 곧 하나님의 형상대로 사람을 창조하시되 남자와 여자를 창조하시고 창 1:26,27

여호와 하나님이 땅의 흙으로 사람을 지으시고 생기를 그 코에 불어넣으시니 사람이 생령이 되니라 창 2:7

우리는 이 사실을 하나님께서 예수 그리스도를 통하여 행하신 자녀의 구원 사역을 통해서도 알 수 있습니다.

아버지께서 자기 속에 생명이 있음 같이 아들에게도 생명을 주어 그 속에 있게 하셨고 요 5:26

또 증거는 이것이니 하나님이 우리에게 영생을 주신 것과 이 생명이 그의 아들 안에 있는 그것이니라 요일 5:11

너희는 하나님으로부터 나서 그리스도 예수 안에 있고 예수는 하나님으로부터 나와서 우리에게 지혜와 의로움과 거룩함과 구원함이 되셨으니 고전 1:30

그들의 총명이 어두워지고 그들 가운데 있는 무지함과 그들의 마음이 굳어짐으로 말미암아 하나님의 생명에서 떠나 있도다 엡 4:18

이제는 우리 구주 그리스도 예수의 나타나심으로 말미암아 나타났으니 그는 사망을 폐하시고 복음으로써 생명과 썩지 아니할 것을 드러내신지라

딤후 1:10

이때 형상이란 단순히 모양을 의미하는 것이 아니라 본질, 본성, 성품을 의미합니다. 하나님께서는 이렇게 창조한 자녀들을 통해

서 지으신 세상을 통치하고자 하셨습니다. 그것은 "그들로 하여금 다스리게 하자"(창 1:26)라는 말씀을 통해서 알 수 있습니다. 대부분 영어 역본은 이 구절을 "And God said, Let us make man in our image, after our likeness : and let them have dominion over… (let them rule over…)"라고 번역하고 있습니다.

> … 그들로 바다의 물고기와 하늘의 새와 가축과 온 땅과 땅에 기는 모든 것을 다스리게 하자 하시고 하나님이 자기 형상 곧 하나님의 형상대로 사람을 창조하시되 남자와 여자를 창조하시고 하나님이 그들에게 복을 주시며 하나님이 그들에게 이르시되 생육하고 번성하여 땅에 충만하라, 땅을 정복하라, 바다의 물고기와 하늘의 새와 땅에 움직이는 모든 생물을 다스리라 하시니라
> 창 1:26–28

> 땅과 거기에 충만한 것과 세계와 그 가운데에 사는 자들은 다 여호와의 것이로다 시 24:1

> 하늘은 여호와의 하늘이라도 땅은 사람에게 주셨도다 시 115:16

타락 전 인간에 대한 창세기의 말씀과 예수님께서 하늘로 올리우시기 전에 제자들에게 하신 말씀을 생각해보십시오.

예수께서 나아와 말씀하여 이르시되 하늘과 땅의 모든 권세를 내게 주셨으니 그러므로 너희는 가서 모든 민족을 제자로 삼아 아버지와 아들과 성령의 이름으로 세례를 베풀고 내가 너희에게 분부한 모든 것을 가르쳐 지키게 하라 볼지어다 내가 세상 끝날까지 너희와 항상 함께 있으리라 하시니라

마 28:18-20

이것을 종합해보면 인간은 본래 다스림을 받는 자가 아니라 다스리는 자로 지음 받았음을 알 수 있습니다. 하나님께서는 이 땅을 직접 통치하시기보다는 그분의 형상을 따라 그분의 모양대로 지음을 받은 자녀들을 통해서 모든 피조 세계에 하나님의 영광을 드러내기 원하셨습니다. 즉 그 일을 위해 우리가 청지기로서 위임된 왕권을 행하도록 하셨고, 그 자녀들이 하나님의 뜻을 이루는 것을 보며 기뻐하기 원하셨습니다.

자신과 주위 사람들을 보십시오. 사람들은 왜 자신의 삶에 만족하지 못하는 것일까요? 왜 더 나은, 좀 더 크고 놀라운, 더 위대한 삶을 살고자 할까요? 이유는 두 가지입니다. ① 늘 공허함과 무가치함 그리고 결핍과 부족에 시달리기 때문이고 그것을 채우고자 하는 욕구 때문입니다. ② 더 근원적으로 본래 하나님의 형질인 하나님의 영광을 자기 방식대로 드러내고자 하기 때문입니다. 인간은 본래 하나님의 영광을 드러내는 존재로 지음을 받았습니다. 따라서 하나님의 영광을 드러내지 못하는 어떠한 것도 인간에게 만족을 줄

수 없습니다.

오늘날 많은 그리스도인들은 하나님의 본래 의도가 예수 그리스도를 통한 인간의 구원이라고 생각합니다. 그렇지만 우리는 이 말씀들을 통하여 구원받는 것이 전부가 아니라 단지 시작이며, 하나님께서는 우리를 통하여 하나님의 영광과 뜻을 이 땅에 드러내려 하신다는 것을 알아야 합니다. 그것이 구원을 이루어가는 삶, 즉 성화(聖化)의 삶입니다.

2
우리는 어떻게 해서 타락했는가?

진정한 사랑은 강요나 외압이 아닌 자발적으로 선택할 수 있을 때 가능하기에, 하나님께서는 우리에게 자유의지를 주시고, 삼위 하나님께서 서로 사랑을 나누시듯이 우리와도 그렇게 사랑을 나누기 원하셨습니다. 그래서 우리가 자발적인 의지로 하나님 사랑하기를 선택하게 하기 위해 생명나무의 열매를 먹도록 하시고 선악과의 열매는 먹지 못하게 명령하셨습니다.

여호와 하나님이 그 땅에서 보기에 아름답고 먹기에 좋은 나무가 나게 하시니 동산 가운데에는 생명나무와 선악을 알게 하는 나무도 있더라 창 2:9

여호와 하나님이 그 사람에게 명하여 이르시되 동산 각종 나무의 열매는 네가 임의로 먹되 선악을 알게 하는 나무의 열매는 먹지 말라 네가 먹는 날에는 반드시 죽으리라 하시니라 창 2:16,17

그런데 하나님을 대적한 마귀는 성산에서 쫓겨나 뱀의 형상으로 이 땅에 존재했습니다. 그는 자기 자신이 하나님을 대적했던 것처럼 하나님께서 창조한 자녀들도 하나님을 대적하는 자들로 만들기 위해 그들을 속였습니다.

그런데 뱀은 여호와 하나님이 지으신 들짐승 중에 가장 간교하니라 뱀이 여자에게 물어 이르되 하나님이 참으로 너희에게 동산 모든 나무의 열매를 먹지 말라 하시더냐 창 3:1

동산 중앙에 있는 나무의 열매는 하나님의 말씀에 너희는 먹지도 말고 만지지도 말라 너희가 죽을까 하노라 하셨느니라 뱀이 여자에게 이르되 너희가 결코 죽지 아니하리라 너희가 그것을 먹는 날에는 너희 눈이 밝아져 하나님과 같이 되어 선악을 알 줄 하나님이 아심이니라 창 3:3-5

그 속임수의 핵심은 바로 "너희가 그것을 먹는 날에는 너희 눈이 밝아져 하나님과 같이 되어 선악을 알 줄 하나님이 아심이니라"라는 말에 담겨 있습니다. 이 거짓말은 너무나 교묘하여 지금도 우리가 속고 있는데, 여기에는 다음의 내용이 포함되어 있습니다.

첫째, 하나님이 너희를 속이는 것이므로 그 말씀을 따르지 않으면 오히려 너희 눈이 밝아지게 될 것이며, 둘째, 그 결과로 너희는 하나님과 같은 존재가 될 것이며, 셋째, 하나님과 같이 선악을 아는 자가 될 것이다.

이 속임의 핵심은 우리가 하나님의 피조물임을 거부하면 우리도 하나님처럼 된다는 것입니다. 이것이 바로 하나님에 대한 반역이며 죄입니다. 즉 죄의 본질은 바로 하나님과 우리를 분리시키는 것입니다. 우리가 하나님처럼 될 수 있다는 속임을 통하여 우리를 마귀의 자녀로 만들려는 데 있습니다.

우리는 본래 하나님 안에서만 생명을 누리는 존재인데, 마귀는 하나님 밖에서(하나님과 분리됨으로), 하나님과 동등한 자로 존재할 수 있다고 우리를 속인 것입니다. 즉 스스로 존재하는 자로서 하나님과 동등한 자가 될 수 있다고 거짓말한 것입니다. 또한 우리는 하나님 안에서 이미 모든 것을 가진 자인데도 불구하고 마귀는 하나님 밖에서 스스로 하나님의 모든 것을 가질 수 있다고 우리를 속였습니다. 결국 마귀는 우리가 하나님과 분리된 존재로서 하나님을 대적하고, 우리 스스로 자기 삶의 주인과 주체가 되어 선과 악을 판단하는 죄를 짓게 만들었습니다.

3
타락한 후 어떤 일이 일어났는가?

죄의 결과로 인간은 하나님께서 통치하시는 에덴동산에서 쫓겨나게 되었습니다.

> 여호와 하나님이 이르시되 보라 이 사람이 선악을 아는 일에 우리 중 하나
> 같이 되었으니 그가 그의 손을 들어 생명나무 열매도 따먹고 영생할까 하노
> 라 하시고 여호와 하나님이 에덴동산에서 그를 내보내어 그의 근원이 된 땅
> 을 갈게 하시니라 이같이 하나님이 그 사람을 쫓아내시고 에덴동산 동쪽에
> 그룹들과 두루 도는 불 칼을 두어 생명나무의 길을 지키게 하시니라
>
> 창 3:22-24

> 여호와께서 이르시되 나의 영이 영원히 사람과 함께하지 아니하리니 이는 그

들이 육신이 됨이라 그러나 그들의 날은 백이십 년이 되리라 하시니라 _{창 6:3}

하나님의 생명이 없는 자는 진리를 알지 못한 채 자기 스스로 주체가 되어 모든 것을 자신의 방식으로 판단하게 되었으며, 저주받은 땅에서 자신의 노력으로 살아가게 되었습니다. 인간의 타락이 영적 세계에 미친 가장 큰 영향은 하나님께서 자녀에게 주신 다스리는 권세, 즉 위임된 왕권을 더 이상 행사할 수 없게 되었다는 것입니다. 그 결과 인간은 하나님의 위임을 받아 하나님의 통치를 대행하던 하나님의 자녀에서 마귀의 통치를 받는 마귀의 자녀로 전락하고 말았습니다.

처음 하나님께서 인간을 창조하셨을 때 인간은 본질상 영적 존재이며, 그 마음(혼, soul)은 하나님의 생명을 인식하고 그분을 물리 세계에 나타내는 시스템과 같으며, 하나님의 말씀으로 세상을 인식하는 기관이었습니다. 그러니까 타락하기 전 우리의 영혼은 자신이 누구인지(하나님 안에 존재하는 자신) 인식하고 보이지 않는 것들을 상상할 수 있는 능력과 그중에 어떤 것을 구현하고자 하는 자유의지를 가지고 있었습니다. 이것이 바로 하나님의 형상을 따라 하나님의 모양대로 지음 받았다는 의미입니다. 죄의 근원은 하나님과의 분리입니다. 하나님의 영광이 떠나자 인간은 더 이상 하나님의 영원한 생명을 나타내는 영적 존재가 아닌 죽어야 할 생명체로 느끼며 스스로 자신의 정체성을 유지해 나가는 타락한 존재가 되었습니다.

죄를 지은 인간은 죄책감과 더불어 내면의 깊은 두려움을 가지게 되었습니다. 이것은 죄의 결과로 모든 타락한 인간이 갖는 근원적인 두려움입니다. 더 이상 하나님의 사랑을 받지 못한다는 두려움, 하나님으로부터 거절당하는 것에 대한 두려움, 그리고 하나님의 생명으로만 채워질 수 있었던 모든 것이 사라져서 생기는 결핍과 부족, 공허와 불안에 직면해야 하는 두려움입니다. 그런데 인간은 이런 두려움과 죄책감을 회피하기 위해서, 또한 자신의 결핍과 부족, 그리고 공허함과 무가치함을 채우기 위해서 갖가지 다양한 방법으로 스스로 애쓰고 있습니다.

내 백성이 두 가지 악을 행하였나니 곧 그들이 생수의 근원되는 나를 버린 것과 스스로 웅덩이를 판 것인데 그것은 그 물을 가두지 못할 터진 웅덩이들이니라 렘 2:13

그들의 마침은 멸망이요 그들의 신은 배요 그 영광은 그들의 부끄러움에 있고 땅의 일을 생각하는 자라 빌 3:19

하나님의 영이 떠난 인간의 영혼은 더 이상 하나님 안에 존재하는 자가 아니라 스스로 존재하는 자가 되었고, 마귀의 속임대로 자신의 진정한 본질이 무엇인지 모른 채 육적 눈이 밝아져 자신의 마음과 육신이 바로 자기라고 믿게 되었습니다. 심리학에서는 이것을 에고

(ego)라고 부르지만 실상은 타락한 인간의 거짓 자아입니다.

이 거짓 자아는 하나님의 생명에 의해서 만들어진 것이 아니라 하나님의 생명에서 끊어진 영혼이 세상을 통해 스스로 만든 것입니다. 거짓의 아비이며 세상 신인 마귀는 세상과 우리의 이 거짓 자아를 통해서 우리를 지배하고 통치하게 되었고, 타락한 인간은 하나님께서 주신 위임된 왕권을 잃어버리게 되었습니다. 이 사실은 예수님께서 요단강에서 세례를 받으신 후에 성령에 이끌리어 광야로 가서 마귀의 시험을 받으실 때 보면 알 수 있습니다.

> 예수께서 대답하시되 기록된 바 사람이 떡으로만 살 것이 아니라 하였느니라 마귀가 또 예수를 이끌고 올라가서 순식간에 천하만국을 보이며 이르되 이 모든 권위와 그 영광을 내가 네게 주리라 이것은 내게 넘겨준 것이므로 내가 원하는 자에게 주노라 그러므로 네가 만일 내게 절하면 다 네 것이 되리라 예수께서 대답하여 이르시되 기록된 바 주 너의 하나님께 경배하고 다만 그를 섬기라 하였느니라 눅 4:4-8

거짓 자아의 속성은 구원받은 이후에도 그대로 유지될 수 있습니다. 왜냐하면 구원받았을 때 우리에게 하나님의 생명이 다시 임함으로 우리의 본성은 완전히 변했지만 우리의 마음은 여전히 구습을 좇는 옛 상태 그대로이기 때문입니다. 즉, 구원받은 인간의 본질은 타락한 영적 존재에서 하나님의 생명 안에 거하는 새로운 영적 존재가 되었지만, 우리의 거짓 자아는 스스로 여전히 땅의 것을 생각하는 육적 존재로 인식하고 있다는 것입니다.

> 그러므로 너희가 그리스도와 함께 다시 살리심을 받았으면 위의 것을 찾으라 거기는 그리스도께서 하나님 우편에 앉아 계시느니라 위의 것을 생각하고 땅의 것을 생각하지 말라 이는 너희가 죽었고 너희 생명이 그리스도와 함께 하나님 안에 감추어졌음이라 골 3:1-3

인간의 마음은 타락했지만 그럼에도 불구하고 본래 하나님의 생명으로부터 받은 축복의 흔적은 여전히 남아 있기 때문에 늘 그 상태를 추구하는 삶을 살게 되었습니다. 그 흔적이 바로 하나님께서 타락 전 우리에게 주신 다스리는 권세입니다. 이 권세는 본래 하나님으로부터 위임받은 것이었지만, 타락 후에는 스스로 획득해야 하는 것으로 변질되었습니다.

모순적이게도 타락한 인간은 다스리는 권세가 없는 것을 당연시하면서도 마음속으로는 늘 다스리는 권세를 갈망합니다. 왜냐하면 그것이 본래 타락 전 인간의 속성이었기 때문입니다. 타락한 인간이 스스로의 노력으로 자신의 소유, 지배, 공급권을 더 많이 가지려고 하는 이유가 바로 본래 하나님으로부터 받은 다스리는 권세에 대한 갈망 때문입니다. 그러나 그렇게 하면 할수록 자신이 점점 더 하나님으로부터 멀어지고 마귀의 손에 붙들려 간다는 사실을 알지 못하는 것입니다.

인간의 삶을 생각해보십시오. 우리는 섹스, 탐욕, 마약, 권력, 재물 등에 다스림을 받고 있습니다. 그러나 인간 스스로 획득하고자 하는 모든 다스리는 권세를 주님께 이양함으로 비로소 하나님의 영광에 연결되고, 위임된 왕권을 다시금 회복하게 된다는 것이 하나님 나라의 비밀입니다. 구원받은 하나님의 자녀는 스스로 얼마나 다스리는 권세를 획득했느냐로 평가받는 것이 아니라 하나님으로부터 위임받은 왕권을 얼마나 잘 사용했느냐로 평가받습니다. 이것이 바로 청지기 직분의 의미입니다.

4
하나님 나라의 관점에서
복음을 생각해보라

예수님께서 전하신 복음은 하나님나라의 복음입니다. 하나님나라에서 '나라'는 헬라어로 '바실레이아'* 인데 이 단어는 일차적으로 "통

* "왕 노릇하다, 왕으로서 다스리다"라는 헬라어는 βασιλευω [basileuo ; 바실류오]이며, 왕(king)은 βασιλευς [basileus ; 바실류스]입니다. 바실레이아(basileia)는 바실류오(βασιλευω : 통치하다, 다스리다)에서 유래한 단어입니다.

치, 주권, 왕권"을 뜻하며, 이차적으로 "그 통치가 미치는 공간적인 영역"을 뜻합니다. 하나님나라의 복음이란 한마디로 인간의 타락으로 인한 흑암의 권세, 즉 마귀가 그동안 인류와 모든 피조 세계를 괴롭혔지만, 이제는 때가 이르러 예수 그리스도께서 우리의 죄를 사하여주심으로 다시금 하나님의 통치를 받을 수 있는 길이 열렸다는 좋은 소식입니다.

> 이르시되 때가 찼고 하나님의 나라가 가까이 왔으니 회개하고 복음을 믿으라 하시더라 막 1:15

> 그가 우리를 흑암의 권세에서 건져내사 그의 사랑의 아들의 나라로 옮기셨으니 골 1:13

성경은 예수님께서 공생애 사역을 시작하시며 하나님나라의 복음을 전하실 때 "때가 찼고"라고 말씀하셨다고 기록하고 있습니다. 하나님께서는 구약 시대에 선지자들을 통해서 메시아의 도래를 예언하게 하셨는데, 4백 년 동안 침묵을 지키시다가 왜 로마 시대에 예수님을 이 땅에 보내셨을까요? 어쩌면 이것은 인류 역사상 하나님나라의 개념이 가장 잘 이해될 수 있는 시대가 바로 로마 제국 시대이기 때문이 아닐까 하고 추측해볼 수 있습니다. 로마 제국 시대에는 황제에 의해 정복된 땅과 땅의 모든 것이 그의 통치 아래 놓여 있고 그에게 속해 있었습니다. 그렇지만 황제는 각 지역마다 총독을 파견하여 위임된 통치권을 가지고 다스리도록 했고, 총독은 황제의 명대로 정복한 땅을 로마 문화가 번성하는 식민지로 만들어 갔습니다. 이는 마치 하나님께서 하나님의 자녀를 통하여 이 땅을 다스리는 것과 같습니다.

나라가 곧 통치라는 개념임을 이해한다면 우리는 복음을 새롭게 볼 수 있습니다. 무엇보다 예수님께서 선포하신 하나님의 나라를 다윗 왕국의 재건으로 생각했던 종교 지도자들에게 예수님이 하신 말씀이 무엇을 의미하는지 알 수 있게 됩니다.

> 바리새인들이 하나님의 나라가 어느 때에 임하나이까 묻거늘 예수께서 대답하여 이르시되 하나님의 나라는 볼 수 있게 임하는 것이 아니요 또 여기 있다 저기 있다고도 못하리니 하나님의 나라는 너희 안에 있느니라 눅 17:20,21

> 적은 무리여 무서워 말라 너희 아버지께서 그 나라를 너희에게 주시기를 기뻐하시느니라 눅 12:32

예수님의 공생애 사역을 다시 한번 생각해보십시오. 예수님은 구약에 예언된 메시아와 하나님나라에 대해 가르치셨고, 마침내 예언된 그 하나님나라의 도래를 선포하시며, 그 나라가 실현된 것이 무엇인지 보여주셨습니다.

예수께서 모든 도시와 마을에 두루 다니사 그들의 회당에서 가르치시며 천국 복음을 전파하시며 모든 병과 모든 약한 것을 고치시니라 마 9:35

하나님이 세상을 이처럼 사랑하사 독생자를 주셨으니 이는 그를 믿는 자마다 멸망하지 않고 영생을 얻게 하려 하심이라 요 3:16

영접하는 자 곧 그 이름을 믿는 자들에게는 하나님의 자녀가 되는 권세를 주셨으니 요 1:12

죄를 짓는 자는 마귀에게 속하나니 마귀는 처음부터 범죄함이라 하나님의 아들이 나타나신 것은 마귀의 일을 멸하려 하심이라 요일 3:8

하나님나라의 관점에서 복음을 생각하면, 예수님께서 이 땅에 오셔서 하나님나라의 복음을 선포하신 이유는 ① 마귀에게 속박된 자녀를 구원하셔서서 하나님께서 본래 인간을 창조하신 목적대로 다시 하나님의 자녀로 삼으시고, ② 위임된 왕권을 회복시켜주셔서 마귀에게 고통당하고 있는 피조 세계를 다시 다스리는 것임을 알 수 있습니다.

예수님께서 십자가를 지시기 전 마지막 만찬에서 하신 말씀을 떠올려보십시오. 하나님 아버지께서 인자(人子)로 오신 예수님에게 위임된 왕권을 나타내도록 하신 것처럼, 예수님께서도 하나님의 자녀들에게 위임된 왕권을 부여하신다고 말씀하셨습니다. 그 일은 이 세상뿐만 아니라 오는 세상에서도 동일하게 이루어지게 하셨습니다.

너희는 나의 모든 시험 중에 항상 나와 함께한 자들인즉 내 아버지께서 나라를 내게 맡기신 것같이 나도 너희에게 맡겨 너희로 내 나라에 있어 내 상에서 먹고 마시며 또는[헬라어 카이 ; 그리고 혹은 … 뿐만 아니라 (오는 세상에서)] 보좌에 앉아 이스라엘 열두 지파를 다스리게 하려 하노라 눅 22:28–30

5
예수님께서는 위임된 왕권을 어떻게 설명하셨는가?

누가복음 15장에 나오는 탕자의 비유를 하나님나라의 관점에서 생각해보십시오. 아버지의 모든 것은 본래 아들에게 주어진 것인데, 아들은 그 사실을 알지 못하고 자기 뜻대로 하고 싶은 마음에 아버지로부터 분깃을 받아서 마음대로 다 써버렸습니다. 아들이 죽을 지경이 되어 다시 아버지 앞으로 돌아왔을 때 아버지께서는 새 신, 가락지, 그리고 새 옷을 주셨습니다. 그것은 바로 자녀에게 위임된 왕권을 다시 회복시켜주신 것입니다. 이때 새 옷은 신분의 회복을, 새 가락지는 상속자의 자격 부여를, 새 신은 통치권의 부여를 의미합니다.

내가 일어나 아버지께 가서 이르기를 아버지 내가 하늘과 아버지께 죄를 지었사오니 지금부터는 아버지의 아들이라 일컬음을 감당하지 못하겠나이다 나를 품꾼의 하나로 보소서 하리라 하고 이에 일어나서 아버지께로 돌아가니라 아직도 거리가 먼데 아버지가 그를 보고 측은히 여겨 달려가 목을 안고 입을 맞추니 아들이 이르되 아버지 내가 하늘과 아버지께 죄를 지었사오니 지금부터는 아버지의 아들이라 일컬음을 감당하지 못하겠나이다 하나 아버지는 종들에게 이르되 제일 좋은 옷을 내어다가 입히고 손에 가락지를 끼우고 발에 신을 신기라 그리고 살진 송아지를 끌어다가 잡으라 우리가 먹고 즐기자 이 내 아들은 죽었다가 다시 살아났으며 내가 잃었다가 다시 얻었노라 하니 그들이 즐거워하더라 눅 15:18-24

예수님께서 공생애 사역 동안에 예수 그리스도의 영광 안에서 사역한 제자들에게 뭐라고 말씀하셨는지 생각해보십시오. 예수님은 열두 제자뿐만 아니라 70인을 따로 세워 둘씩 짝지어 보내셨고, 하나님나라의 복음을 전하게 하시고, 병든 자를 치유하고, 귀신을 쫓아내게 하셨습니다. 그들이 돌아와 주님의 권세로 사역할 때 귀신들도 항복했다고 보고했을 때, 예수님께서는 그들에게 원수의 모든 능력을 제어할 권능을 주었다고 말씀하셨습니다. 그리고 더 중요한 것은 그들이 행한 기적에 초점을 맞추는 것이 아니라 이 땅을 다스릴 위임된 왕권을 가진 자녀가 된 것을 기뻐하라고 말씀하셨습니다.

> 칠십 인이 기뻐하며 돌아와 이르되 주여 주의 이름이면 귀신들도 우리에게 항복하더이다 예수께서 이르시되 사탄이 하늘로부터 번개 같이 떨어지는 것을 내가 보았노라 내가 너희에게 뱀과 전갈을 밟으며 원수의 모든 능력을 제어할 권능을 주었으니 너희를 해칠 자가 결코 없으리라 그러나 귀신들이 너희에게 항복하는 것으로 기뻐하지 말고 너희 이름이 하늘에 기록된 것으로 기뻐하라 하시니라 눅 10:17-20

그렇다면 당신은 지금 어떤 복음을 믿고 있습니까? 하나님나라의 복음을 알지 못하고 구원의 참의미를 깨닫지 못하기 때문에 우리에게 위임된 왕권이 무엇인지도 모른 채 여전히 이 세상에서 마귀의 종 노릇하며, 주의 재림만을 기다리는 신앙생활을 하고 있지는 않은지 생각해보시기 바랍니다.

우리는 예수 그리스도를 믿음으로 단지 죄 사함만을 받은 것이 아니라 우리가 새로운 피조물이 되었으며 주(主)의 유업을 이루어 가야 하는 존재입니다. 더 이상 이 세상에 속해 있으면서 이 세상 신(神)의 통치를 받는 자가 아니라 이 세상을 변화시키는 존재로 새롭게 거듭났다는 것을 알아야 합니다.

우리는 너무 오랫동안 세대주의적 신앙관에 사로잡혀 왔습니다.

즉 구원받았으니 어떤 어려움과 고난이 와도 끝까지 인내해야 합니다. 그 믿음에서 떨어지지 않도록 늘 기도하고 힘써야 합니다. 그리고 세상에 나가 주의 뜻을 이루기보다 가능하면 교회 안에 거하며 주님이 빨리 오시도록 기도해야 한다는 등의 사고방식으로 신앙생활을 해온 것입니다.

그러나 하나님의 구원 사역을 다시 한번 생각해보십시오. 하나님께서는 지으신 세상에 주의 나라를 이루기 위해서 자녀를 창조하셨고 이 땅을 다스릴 권세를 주셨습니다. 그러나 자녀들이 마귀에게 속아 죄를 지었고, 그 결과 하나님의 뜻은 이루어지지 못했습니다. 하나님의 자녀들은 타락하여 오랜 세월 마귀의 권세 아래 고통스럽게 살아왔습니다. 하지만 하나님께서는 그들을 포기하지 않으시고 마침내 때가 이르매 하나님의 아들 예수 그리스도를 보내주시고, 다시 하나님께서 통치하시는 하나님나라의 복음을 선포하시고, 예수 그리스도를 믿는 모든 자들이 그 나라로 들어와 자녀의 유업을 이어받으라고 말씀하셨습니다.

그렇다면 예수님께서 우리에게 하나님나라의 복음을 전하신 것은 우리를 천국으로 데려가기 위해서입니까? 아니면 우리가 본래 하나님께서 목적하신 바대로 이 땅에서 그분의 나라를 이루도록 하기 위해서입니까? 하나님의 자녀가 죽고 나면 천국에 가는 것은 당연한 일입니다. 그러나 우리는 이 땅의 삶을 포기한 채 천국에 가기 위해 신앙생활을 하는 것이 아니라 이 땅에 하나님의 나라를 이루기 위해서 신앙생활을 하는 것입니다.

성경의 다음 구절들을 읽어보십시오. 예수님께서 전하신 복음은 결코 우리가 구원받은 것으로 만족하거나 마귀에 의한 종말을 말하고 있지 않습니다. 반대로 우리가 이 세상에 사는 동안 주의 뜻을 이루고 마귀의 일을 멸하고 땅끝까지 복음을 전하여 주의 재림을 준비해야 한다고 말씀합니다.

자녀들아 너희는 하나님께 속하였고 또 그들을 이기었나니 이는 너희 안에 계신 이가 세상에 있는 자보다 크심이라 요일 4:4

무릇 하나님께로부터 난 자마다 세상을 이기느니라 세상을 이기는 승리는 이것이니 우리의 믿음이니라 요일 5:4

항상 우리를 그리스도 안에서 이기게 하시고 우리로 말미암아 각처에서 그리스도를 아는 냄새를 나타내시는 하나님께 감사하노라 고후 2:14

그러나 이 모든 일에 우리를 사랑하시는 이로 말미암아 우리가 넉넉히 이기느니라 롬 8:37

이 천국 복음이 모든 민족에게 증언되기 위하여 온 세상에 전파되리니 그제야 끝이 오리라 마 24:14

예수께서 나아와 말씀하여 이르시되 하늘과 땅의 모든 권세를 내게 주셨으니 그러므로 너희는 가서 모든 민족을 제자로 삼아 아버지와 아들과 성령의 이름으로 세례를 베풀고 내가 너희에게 분부한 모든 것을 가르쳐 지키게 하라 볼지어다 내가 세상 끝날까지 너희와 항상 함께 있으리라 하시니라

마 28:18-20

6

예수님께서는 자녀에게 위임하신 왕권을 어떻게 다시 회복시키셨는가?

한 사람의 죄로 인하여 모든 인류에게 죄가 전가되었고, 모든 인류는 흑암의 권세 아래 마귀의 본성을 나타내는 존재로 전락했습니다.

그러므로 한 사람으로 말미암아 죄가 세상에 들어오고 죄로 말미암아 사망이 들어왔나니 이와 같이 모든 사람이 죄를 지었으므로 사망이 모든 사람에게 이르렀느니라 롬 5:12

마침내 때가 되어 이 땅에 성육신(成肉身) 하신 예수님께서는 인간

의 죄를 사하시고 마귀의 일을 멸하기 위해 인간을 대신하여서 십자가에서 죽으셨습니다.

우리가 아직 죄인 되었을 때에 그리스도께서 우리를 위하여 죽으심으로 하나님께서 우리에 대한 자기의 사랑을 확증하셨느니라 롬 5:8

통치자들과 권세들을 무력화하여 드러내어 구경거리로 삼으시고 십자가로 그들을 이기셨느니라 골 2:15

죄를 짓는 자는 마귀에게 속하나니 마귀는 처음부터 범죄함이라 하나님의 아들이 나타나신 것은 마귀의 일을 멸하려 하심이라 요일 3:8

그 결과, 예수 그리스도를 믿는 자는 죄 사함을 얻을 뿐 아니라 하나님의 생명이 그에게 주어짐으로 하나님의 자녀가 되게 하셨습니다.

그런즉 한 범죄로 많은 사람이 정죄에 이른 것 같이 한 의로운 행위로 말미암아 많은 사람이 의롭다 하심을 받아 생명에 이르렀느니라 롬 5:18

하나님이 죄를 알지도 못하신 이를 우리를 대신하여 죄로 삼으신 것은 우리로 하여금 그 안에서 하나님의 의가 되게 하려 하심이라 고후 5:21

친히 나무에 달려 그 몸으로 우리 죄를 담당하셨으니 이는 우리로 죄에 대하여 죽고 의에 대하여 살게 하려 하심이라 그가 채찍에 맞음으로 너희는 나음을 얻었나니 벧전 2:24

더욱이 하나님의 상속자로서 유업을 이어받도록 하셨습니다. 그 유업이 바로 하나님의 형상으로 회복되어 하나님의 위임된 왕권을 가지고 이 땅을 다스리는 것입니다. 그것이 하나님께서 우리를 구원하신 이유이자 목적입니다. 즉 모든 소유권과 통치권은 하나님께 있지만, 하나님께서는 하나님의 자녀에게 위임된 왕권을 주셨다는 것입니다.

자녀이면 또한 상속자 곧 하나님의 상속자요 그리스도와 함께한 상속자니 우리가 그와 함께 영광을 받기 위하여 고난도 함께 받아야 할 것이니라 롬 8:17

너희가 아들이므로 하나님이 그 아들의 영을 우리 마음 가운데 보내사 아빠 아버지라 부르게 하셨느니라 그러므로 네가 이 후로는 종이 아니요 아들이니 아들이면 하나님으로 말미암아 유업을 받을 자니라 갈 4:6,7

이것에 대해서 구체적으로 말씀하신 것이 바로 마태복음 6장입니다. 이 말씀은 우리의 마음이 눈에 보이는 것에 묶이거나 현실을 변화시키려고 애쓰기 전에, 먼저 예수 그리스도 안에서 하나님 아버지와 올바른 관계를 맺고 그분이 주신 위임된 왕권을 회복하라고 말씀합니다.

그런즉 너희는 먼저 그의 나라와 그의 의를 구하라 그리하면 이 모든 것을 너희에게 더하시리라 마 6:33

그 위임된 통치권을 가지고 주의 뜻이 하늘에서 이루어진 것같이 이 땅에서도 주의 뜻을 이루도록 하셨고, 그것을 구체적으로 가르쳐 주신 것이 바로 주기도문입니다.

나라가 임하시오며 뜻이 하늘에서 이루어진 것같이 땅에서도 이루어지이다 마 6:10

질문&토론

1. 하나님께서 인간을 창조하신 목적과 특징은 무엇입니까?

- 하나님께서는 이 땅에 하나님의 나라를 이루기 원하셨고, 그 자녀를 통해서 이 땅을 다스리기 원하셨습니다. (창 1:25-28 ; 시 115:16)

- 삼위 하나님께서 하나이시며 서로 사랑하는 것처럼, 당신의 생명을 나눈 자녀들도 하나님 안에 존재하며 서로 사랑하기를 원하셨습니다.
  (요 17:21-23 ; 요일 3:1)

- 하나님께서는 진정한 사랑을 위해서 우리에게 자유의지를 주셨습니다.
  (창 2:16,17)

2. 타락 전 인간과 타락 후 인간의 차이는 무엇입니까?

- 마귀는 우리를 어떻게 속였습니까? 또 그 의미가 무엇인지 생각해보십시오. (창 3:3-5)

- 모든 인간은 타락한 이후 하나님의 영광을 드러내는 대신에 자기 스스로 판단하는 존재로 전락했습니다.

- 영적 존재에서 육적 존재로 타락한 이후에도 인간은 여전히 하나님의 자녀의 흔적을 찾기 위해 애쓰고 있습니다. (렘 2:13 ; 빌 3:19)

- 그 결과 우리는 스스로 다스리는 권세를 갖기 위해 애쓰고 있습니다. 이것이 하나님을 알지 못하는 인간의 삶입니다.

3. 예수님께서 전하신 복음은 무엇입니까?

- 구원 복음과 하나님나라의 복음은 어떤 차이가 있습니까?
  (막 1:15 ; 골 1:13)

- 타락한 인간은 자신이 누구인지도 모른 채 스스로 마귀와 환경의 다스림
  을 받는 존재라고 생각하고 있습니다. (엡 2:2,3)

- 예수님께서 공생애 기간 동안 하신 일은 무엇입니까? (마 4:23 ; 마 9:35)

- 창세기와 예수님이 전하신 하나님나라의 복음을 통해서 예수님께서 행
  하신 구원 사역의 본질은 무엇이라고 생각하십니까? (마 28:18-20)

- 구원받은 우리가 정말 깨닫고 누려야 할 것은 무엇인가요? (요 1:12 ; 고전
  1:30 ; 고후 5:17 ; 고후 5:21 ; 롬 8:16)

chapter 2

예수님의
공생애 사역과
대위임령

하나님나라에서
예수 그리스도의 이름으로
사는 자

1

예수님께서는 하나님 아버지의 일을 이루는 삶을 사셨다

예수님께서는 이스라엘 백성과 종교 지도자들에게 자신이 누구인지를 알려주셨고, 하나님나라의 복음을 선포하셨을 뿐만 아니라 그 하나님의 통치가 임할 때 이루어질 실재가 무엇인지를 친히 보여주셨습니다. 그것은 바로 흑암의 권세인 마귀의 일을 멸하는 것이었습니다.

> 이르시되 때가 찼고 하나님의 나라가 가까이 왔으니 회개하고 복음을 믿으라 하시더라 막 1:15

> 예수께서 이르시되 내가 다른 동네들에서도 하나님의 나라 복음을 전하여야 하리니 나는 이 일을 위해 보내심을 받았노라 하시고 눅 4:43

> 예수께서 온 갈릴리에 두루 다니사 그들의 회당에서 가르치시며 천국 복음을 전파하시며 백성 중의 모든 병과 모든 약한 것을 고치시니 마 4:23

죄를 짓는 자는 마귀에게 속하나니 마귀는 처음부터 범죄함이라 하나님의 아들이 나타나신 것은 마귀의 일을 멸하려 하심이라 요일 3:8

이 일은 만세 전부터 하나님의 두루마리 책에 기록된 예정된 일이었습니다.

그러므로 주께서 세상에 임하실 때에 이르시되 하나님이 제사와 예물을 원하지 아니하시고 오직 나를 위하여 한 몸을 예비하셨도다 번제와 속죄제는 기뻐하지 아니하시나니 이에 내가 말하기를 하나님이여 보시옵소서 두루마리 책에 나를 가리켜 기록된 것과 같이 하나님의 뜻을 행하러 왔나이다 하셨느니라 히 10:5-7

말씀이 육신이 되어 우리 가운데 거하시매 우리가 그의 영광을 보니 아버지의 독생자의 영광이요 은혜와 진리가 충만하더라 요 1:14

예수님의 공생애 사역에는 주목해야 할 세 가지 특징이 있습니다. 첫째, 그분은 모든 일을 자신의 뜻대로 하지 않으시고 하나님 아버지의 뜻대로 하셨다는 것입니다.

그러므로 예수께서 그들에게 이르시되 내가 진실로 진실로 너희에게 이르노니 아들이 아버지께서 하시는 일을 보지 않고는 아무것도 스스로 할 수 없나

니 아버지께서 행하시는 그것을 아들도 그와 같이 행하느니라 요 5:19

아버지께서 아들을 사랑하사 자기가 행하시는 것을 다 아들에게 보이시고 또 그보다 더 큰 일을 보이사 너희로 놀랍게 여기게 하시리라 요 5:20

내가 아무것도 스스로 할 수 없노라 듣는 대로 심판하노니 나는 나의 뜻대로 하려 하지 않고 나를 보내신 이의 뜻대로 하려 하므로 내 심판은 의로우니라 요 5:30

내가 하늘에서 내려온 것은 내 뜻을 행하려 함이 아니요 나를 보내신 이의 뜻을 행하려 함이니라 요 6:38

내가 내 자의로 말한 것이 아니요 나를 보내신 아버지께서 내가 말할 것과 이를 것을 친히 명령하여 주셨으니 나는 그의 명령이 영생인 줄 아노라 그러므로 내가 이르는 것은 내 아버지께서 내게 말씀하신 그대로니라 하시니라 요 12:49,50

내가 너희에게 대하여 말하고 판단할 것이 많으나 나를 보내신 이가 참되시매 내가 그에게 들은 그것을 세상에 말하노라 하시되 그들은 아버지를 가리켜 말씀하신 줄을 깨닫지 못하더라 이에 예수께서 이르시되 너희가 인자를 든 후에 내가 그인 줄을 알고 또 내가 스스로 아무것도 하지 아니하고 오직 아버지께서 가르치신 대로 이런 것을 말하는 줄도 알리라 나를 보내신 이가 나와 함께하시도다 나는 항상 그가 기뻐하시는 일을 행하므로 나를 혼자 두지 아니하셨느니라 요 8:26-29

예수님께서는 모든 상황에 있어서 자신의 지식과 경험에 기초하여 판단한 것이 아니라, 하나님께서 그 마음에 무엇이라고 말씀하셨는지를 듣고 순종하셨습니다.

둘째, 예수님께서는 자신의 일이 아닌 하나님 아버지의 일만을 행하셨다는 것입니다. 예수님은 이 땅에 도래한 하나님나라의 실체를 보여주는 것이 바로 자신의 일이라고 말씀하셨습니다. 이 일은 결코 인간의 노력이나 능력으로 행할 수 있는 것들이 아니며, 하나님 아버지의 초자연적인 나타나심으로만 가능합니다. 우리의 관점에서 보면 그것들은 기사와 표적이라고 말할 수 있으며, 바로 하나님의 통치가 시작되었음을 증거하는 것입니다.

무리가 알고 따라왔거늘 예수께서 그들을 영접하사 하나님나라의 일을 이야기하시며 병 고칠 자들은 고치시더라 눅 9:11

예수께서 그들에게 이르시되 내 아버지께서 이제까지 일하시니 나도 일한다 하시매 요 5:17

요한은 켜서 비추이는 등불이라 너희가 한때 그 빛에 즐거이 있기를 원하였거니와 내게는 요한의 증거보다 더 큰 증거가 있으니 아버지께서 내게 주사 이루게 하시는 역사 곧 내가 하는 그 역사가 아버지께서 나를 보내신 것을 나를 위하여 증언하는 것이요 요 5:35,36

내가 아버지 안에 거하고 아버지는 내 안에 계신 것을 네가 믿지 아니하느냐 내가 너희에게 이르는 말은 스스로 하는 것이 아니라 아버지께서 내 안에 계셔서 그의 일을 하시는 것이라 내가 아버지 안에 거하고 아버지께서 내 안에 계심을 믿으라 그렇지 못하겠거든 행하는 그 일로 말미암아 나를 믿으라

요 14:10,11

10절에 '그의 일'(헬라어, 타 에르가)은 "하나님의 나타나심" 즉, 인간이 할 수 있는 일이 아니라 인간이 할 수 없는 기사와 표적을 의미합니다. 예수님께서 야훼 하나님을 아버지라고 불렀고 자신과 하나님은 하나라고 말씀했습니다. 그 말을 들은 유대인들이 신성을 모독한다고 말했을 때 그분은 이렇게 말씀하셨습니다.

예수께서 대답하시되 내가 아버지로 말미암아 여러 가지 선한 일로 너희에게 보였거늘 그 중에 어떤 일로 나를 돌로 치려 하느냐… 만일 내가 내 아버지의 일을 행하지 아니하거든 나를 믿지 말려니와 내가 행하거든 나를 믿지 아니할지라도 그 일은(the miraculous works) 믿으라 그러면 너희가 아버지

께서 내 안에 계시고 내가 아버지 안에 있음을 깨달아 알리라 하시니

요 10:32,37,28

더욱이 예수님께서는 특별히 안식일에 일하셔서 유대 종교 지도자들을 분노하게 하셨습니다. 그러나 예수님께서는 안식일의 주인은 바로 자신이며, 사람을 위하여 안식일이 있는 것이지 사람이 안식일을 위하여 존재하는 것은 아니라고 말씀하셨습니다.

그러므로 안식일에 이러한 일을 행하신다 하여 유대인들이 예수를 박해하게 된지라 예수께서 그들에게 이르시되 내 아버지께서 이제까지 일하시니 나도 일한다 하시매 유대인들이 이로 말미암아 더욱 예수를 죽이고자 하니 이는 안식일을 범할 뿐만 아니라 하나님을 자기의 친 아버지라 하여 자기를 하나님과 동등으로 삼으심이러라 요 5:16-18

한편, 세례 요한이 감옥에 갇혀 있으면서 그의 제자를 예수님께 보내서 예수님이 정말 약속하신 메시아이신지 의심하여 물었을 때 예수님께서는 다음과 같이 말씀하셨습니다.

요한의 제자들이 이 모든 일을 그에게 알리니 요한이 그 제자 중 둘을 불러 주께 보내어 이르되 오실 그이가 당신이오니이까 우리가 다른 이를 기다리오리이까 하라 하매 그들이 예수께 나아가 이르되 세례 요한이 우리를 보내어

당신께 여쭈어 보라고 하기를 오실 그이가 당신이오니이까 우리가 다른 이를 기다리오리이까 하더이다 하니 마침 그 때에 예수께서 질병과 고통과 및 악귀 들린 자를 많이 고치시며 또 많은 맹인을 보게 하신지라 예수께서 대답하여 이르시되 너희가 가서 보고 들은 것을 요한에게 알리되 맹인이 보며 못 걷는 사람이 걸으며 나병환자가 깨끗함을 받으며 귀먹은 사람이 들으며 죽은 자가 살아나며 가난한 자에게 복음이 전파된다 하라 눅 7:18-22

누구든지 나로 말미암아 실족하지 아니하는 자는 복이 있도다 하시니라
눅 7:23

예수님께서 세례 요한에게 이 말을 전하게 하신 것은, 바로 세례 요한이 자신은 그리스도가 아니며 이사야서의 말씀을 읽고 인용하여 자신은 주의 길을 곧게 하라고 광야에서 외치는 자의 소리로 알고 있다는 것을 아시기 때문에, 그 이사야서의 말씀이 이루어지고 있는 것을 통하여 자신이 누구이신지를 알리신 것입니다.

외치는 자의 소리여 이르되 너희는 광야에서 여호와의 길을 예비하라 사막에서 우리 하나님의 대로를 평탄하게 하라 사 40:3

이르되 나는 선지자 이사야의 말과 같이 주의 길을 곧게 하라고 광야에서 외치는 자의 소리로라 하니라 요 1:23

즉 예수님께서 행하신 일은 이사야서에 예언된 주(主)의 일이며, 그 일을 통하여 자신이 누구이신지 세례 요한에게 알린 것입니다.

너희는 약한 손을 강하게 하며 떨리는 무릎을 굳게 하며 겁내는 자들에게 이르기를 굳세어라, 두려워하지 말라, 보라 너희 하나님이 오사 보복하시며 갚아주실 것이라 하나님이 오사 너희를 구하시리라 하라 그 때에 맹인의 눈이 밝을 것이며 못 듣는 사람의 귀가 열릴 것이며 그 때에 저는 자는 사슴같이 뛸 것이며 말 못하는 자의 혀는 노래하리니 이는 광야에서 물이 솟겠고 사막에서 시내가 흐를 것임이라 사 35:3-6

셋째, 보이지 않는 하나님의 형상이신 예수님께서는 아버지의 이름으로 이 땅에 오셔서 아버지의 이름으로 그의 일을 행함으로써 하나님 아버지의 이름을 영화롭게 하였다는 것입니다.

나는 내 아버지의 이름으로 왔으매 너희가 영접하지 아니하나 만일 다른 사람이 자기 이름으로 오면 영접하리라 요 5:43

예수께서 대답하시되 내가 너희에게 말하였으되 믿지 아니하는도다 내가 내 아버지의 이름으로 행하는 일들이(miracles) 나를 증거하는 것이거늘 요 10:25

아버지여, 아버지의 이름을 영광스럽게 하옵소서 하시니 이에 하늘에서 소리
가 나서 이르되 내가 이미 영광스럽게 하였고 또다시 영광스럽게 하리라 하
시니 요 12:28

내가 그들과 함께 있을 때에 내게 주신 아버지의 이름으로 그들을 보전하고
지키었나이다 그 중의 하나도 멸망하지 않고 다만 멸망의 자식뿐이오니 이는
성경을 응하게 함이니이다 요 17:12

2
예수님께서는 하나님나라의 복음을 전하셨다

예수님께서는 회개하고 하나님나라의 복음을 믿고 그 나라로 침노
하라고 말씀하셨습니다.

내가 진실로 너희에게 말하노니 여자가 낳은 자 중에 세례 요한보다 큰 이
가 일어남이 없도다 그러나 천국에서는 극히 작은 자라도 그보다 크니라
세례 요한의 때부터 지금까지 천국은 침노를 당하나니 침노하는 자는 빼앗

느니라 마 11:11,12

율법과 선지자는 요한의 때까지요 그 후부터는 하나님나라의 복음이 전파되어 사람마다 그리로 침입하느니라 눅 16:16

하나님나라에 들어가는 길은 오직 예수님을 통해서만 가능하다고 성경은 분명히 말씀하고 있습니다.

예수께서 이르시되 내가 곧 길이요 진리요 생명이니 나로 말미암지 않고는 아버지께로 올 자가 없느니라 요 14:6

니고데모라고 하는 유대인 지도자가 찾아와 예수님께서 행하신 표적, 즉 하나님의 일에 대해 말할 때, 예수님께서는 하나님나라의 복음이 무엇인지, 그리고 그 복음을 어떻게 누릴 수 있는지에 대해서 알려주셨습니다. 바로 물과 성령으로 거듭남의 비밀에 대해 말씀해 주신 것입니다.

예수께서 대답하여 이르시되 진실로 진실로 네게 이르노니 사람이 거듭나지 아니하면 하나님의 나라를 볼 수 없느니라… 예수께서 대답하시되 진실로 진실로 네게 이르노니 사람이 물과 성령으로 나지 아니하면 하나님의 나라에 들어갈 수 없느니라 육으로 난 것은 육이요 영으로 난 것은 영이니 내가 네

게 거듭나야 하겠다 하는 말을 놀랍게 여기지 말라 요 3:3,5-7

이어서 어떻게 하면 거듭날 수 있는지에 대해서도 말씀하셨습니다. 모든 인류의 죄를 사하시기 위해서 친히 지실 십자가에 대해 말씀하시며(요 3:14,15), 독생자인 예수 그리스도를 믿을 때 영생을 얻게 될 것이라고 말씀하셨습니다(요 3:16).

모세가 광야에서 뱀을 든 것같이 인자도 들려야 하리니 이는 그를 믿는 자마다 영생을 얻게 하려 하심이니라 하나님이 세상을 이처럼 사랑하사 독생자를 주셨으니 이는 그를 믿는 자마다 멸망하지 않고 영생을 얻게 하려 하심이라 요 3:14-16

그리고 하나님께서 자신을 세상에 보내신 것은 세상을 심판하는 것이 아니라 구원하기 위해서라고 말씀하셨습니다. 예수님께서 어떻게 세상을 구원하실 수 있겠습니까? 온 세상의 구원자 예수님께서 지금 어디에 계십니까? 그분은 하나님 우편에 계시지만 우리 안에도 계십니다. 그리고 우리가 세상에 나아가 주의 말씀을 선포하고 믿음으로 행동할 때 주께서 함께 역사하십니다. 이런 구원받은 하나님의 자녀의 삶을 통해 예수님께서는 지금도 이 세상에 구원을 베풀고 계시는 것입니다.

하나님이 그 아들을 세상에 보내신 것은 세상을 심판하려 하심이 아니요 그로 말미암아 세상이 구원을 받게 하려 하심이라 요 3:17

제자들이 나가 두루 전파할새 주께서 함께 역사하사 그 따르는 표적으로 말씀을 확실히 증언하시니라 막 16:20

하나님이 그들로 하여금 이 비밀의 영광이 이방인 가운데 얼마나 풍성한지를 알게 하려 하심이라 이 비밀은 너희 안에 계신 그리스도시니 곧 영광의 소망이니라 골 1:27

예수님은 이 땅에 인자(人子)로 오셔서 공생애 사역 동안에 오직 하나님 아버지의 말씀에 따라 하나님 아버지의 이름으로 하나님 아버지만이 행하실 수 있는 일을 행하셨습니다. 그것은 지금까지 있었던 하나님의 통치가 예수 그리스도께서 이 땅에 오심으로 종말론적 완성을 향해 나아가기 시작했고*, 마귀의 일을 멸하게 되었다는 것입니다.

예수님께서는 공생애 사역 동안에도 당신이 이루실 교회의 전 모델로 제자들에게 복음을 전하게 하셨습니다. 그것을 위해서 12제자

---

* 예수님이 선포하신 하나님나라는 '종말론적 하나님나라'입니다. 기독교는 예수님의 초림을 통해 종말이 이미 시작되었고, 예수님의 재림을 통해 종말이 완성된다고 봅니다. 따라서 기독교의 종말은 사건이 아니라 그 '과정'입니다.

들과 70인 제자들을 둘씩 짝지어 각 동네와 지역으로 보내서서 하나님의 나라가 임했다는 소식을 전하게 하시고, 예수님께서 주신 권세와 능력으로 하나님나라의 일을 보여주도록 하셨습니다.

예수께서 그의 열두 제자를 부르사 더러운 귀신을 쫓아내며 모든 병과 모든 약한 것을 고치는 권능을 주시니라… 가면서 전파하여 말하되 천국이 가까이 왔다 하고 병든 자를 고치며 죽은 자를 살리며 나병환자를 깨끗하게 하며 귀신을 쫓아내되 너희가 거저 받았으니 거저 주라 마 10:1,7,8

그 후에 주께서 따로 칠십 인을 세우사 친히 가시려는 각 동네와 각 지역으로 둘씩 앞서 보내시며 이르시되 추수할 것은 많되 일꾼이 적으니 그러므로 추수하는 주인에게 청하여 추수할 일꾼들을 보내주소서 하라 갈지어다 내가 너희를 보냄이 어린 양을 이리 가운데로 보냄과 같도다… 어느 동네에 들어가든지 너희를 영접하거든 너희 앞에 차려놓는 것을 먹고 거기 있는 병자들을 고치고 또 말하기를 하나님의 나라가 너희에게 가까이 왔다 하라 어느 동네에 들어가든지 너희를 영접하지 아니하거든 그 거리로 나와서 말하되 너희 동네에서 우리 발에 묻은 먼지도 너희에게 떨어버리노라 그러나 하나님의 나라가 가까이 온 줄을 알라 하라 눅 10:1-3,8-11

예수님께서는 교회를 두시고, 하나님의 일을 행하라고 하셨다

예수님께서 왜 교회를 세우셨습니까? 예수님이 전하신 복음을 이 땅에 이루기 위해서입니다. 그 복음이 바로 하나님나라입니다. 예수님께서는 교회를 통해서 이 땅에 하나님나라를 이루기 원하셨습니다.

예수께서 이르시되 내가 다른 동네들에서도 하나님의 나라 복음을 전하여야 하리니 나는 이 일을 위해 보내심을 받았노라 하시고 눅 4:43

시몬 베드로가 대답하여 이르되 주는 그리스도시요 살아 계신 하나님의 아들이시니이다 예수께서 대답하여 이르시되 바요나 시몬아 네가 복이 있도다 이를 네게 알게 한 이는 혈육이 아니요 하늘에 계신 내 아버지시니라 또 내가 네게 이르노니 너는 베드로라 내가 이 반석 위에 내 교회를 세우리니 음부의 권세가 이기지 못하리라 내가 천국 열쇠를 네게 주리니 네가 땅에서 무엇이든지 매면 하늘에서도 매일 것이요 네가 땅에서 무엇이든지 풀면 하늘에서도 풀리리라 하시고 마 16:16-19

교회(헬라어, 에클레시아)는 "밖으로 불러냄을 받다"라는 뜻으로, 본래 정치적 또는 군사적 의미를 지니고 있습니다. 예수 그리스도를 믿음으로 불러냄을 받아 하나님나라를 이루는 하나님의 자녀들의 모임(회합, 공동체)이 바로 교회의 정의입니다. 지금의 나라(주권, 백성, 영토)에서 벗어나 부름을 받아 이룬 모임 혹은 회합을 의미합니다.

따라서 교회란 본질적으로 예배당이나 교회 다니는 사람들을 의미하지 않고, 세상 신의 통치함을 받던 사람들이 하나님나라를 이루기 위해서 하나님의 통치를 받도록 부름을 받아 이룬 모임 또는 회합을 뜻합니다. 이것은 세상으로부터 교회라는 장소(구조)적 변화가 아니라 세상 신의 통치로부터 하나님의 통치라는 관계적 변화를 의미합니다. 또한 교회는 우리의 필요성에 의한 모임이 아니라 오직 성령을 통해서 예수 그리스도가 주 되심을 아는 자들의 모임입니다.

그런데 우리는 교회를 하나님나라를 이루는 관점에서 보지 못하고, 단지 예배드리기 위해 모이는 곳으로 보고 있습니다. 결과적으로 주권, 백성, 영토의 의미 중 가장 중요한 주권의 의미를 상실해버린 것입니다. 우리가 예수 그리스도를 믿고 기독교 신자가 되면, 흔히 두 가지는 반드시 지켜야 한다고 생각합니다. 불신자들에게 전도는 하지만 불신자들과 함께 교제하지 않는다는 것과 가능하면 많은 시간을 세상이 아닌 교회에서 보낸다는 것입니다. 그런데 주권의 본질을 생각해보면, 우리와 함께하는 사람들을 배척하거나 우리가 살고 있는 곳으로부터 떠날 것이 아니라 세상 신이 통치하는 곳을 하나님이 통치하시는 곳으로, 그리고 세상 신의 통치를 받던 사람들을 하나님의 통치를 받는 사람으로 변화시켜야 하는 것입니다.

다시 말해 우리와 함께하는 사람들을 배척하거나 우리가 살고 있는 곳으로부터 떠나라는 뜻이 아니라, 우리에 대한 통치권이 마귀로부터 하나님으로 변화되었다는 것이 하나님나라를 이루는 가장 중요한 의미이자 교회 정체성의 핵심이라는 것입니다. 우리가 하나님나라를 전할 대상은 바로 지금 우리가 있는 삶터의 불신자들입니다. 그곳에서 그들과 함께 살며 하나님의 주권을 보여주지 않는다면 어떻게 세상을 하나님나라로 만들 수 있겠습니까? 예수님께서는 우리를 세상으로 보내셨는데, 우리는 세상으로부터 벗어나려 하고 세상 사람들과 관계를 끊으려 합니다.

그러나 기억하십시오. 진정한 교회는 하나님나라를 이루는 전초기지가 되어야 합니다. 진정한 교회는 호화 유람선이 아니라 항공모함이 되어야 합니다. 진정한 교회는 건물이나 전문성이 아니라 예수 생명 교회가 되어야 합니다. 교회는 예수 그리스도의 몸이며, 이 땅에 주의 뜻을 이루기 위해서 하나님으로부터 예수 그리스도 안에서 법적 지위를 부여받은 사람들의 모임입니다. 그 공동체가 먼저 하나님나라의 삶을 누려야 하고, 그 삶으로 세상을 하나님나라로 변화시켜야 합니다.

예수님께서는 하나님의 백성들이 빛으로 세상에 나아가 위임된 왕권으로 어둠의 세력을 물리치고 이 땅을 다스리기 원하셨습니다. 그 일을 위해서 우리에게 천국 열쇠를 주셨습니다. 이 일은 예수님께서 부활 승천하셔서 하나님 우편에 앉아 계시며 교회를 통해서 이루시고자 하는 말씀을 통해서도 알 수 있습니다.

모든 통치와 권세와 능력과 주권과 이 세상뿐 아니라 오는 세상에 일컫는 모든 이름 위에 뛰어나게 하시고 또 만물을 그의 발 아래에 복종하게 하시고 그를 만물 위에 교회의 머리로 삼으셨느니라 교회는 그의 몸이니 만물 안에서 만물을 충만하게 하시는 이의 충만함이니라 엡 1:21-23

교회는 천국을 위해서 존재하는 것이 아니라 바로 이 땅에 주의 뜻을 이루기 위해서 존재합니다. 그런데 안타깝게도 여전히 교회를 천국에 가기 위한 예비 처소로 생각하는 사람들이 많습니다. 그 이유는 예수님이 전하신 하나님나라의 복음이 무엇인지 모르기 때문입니다. 천국 열쇠는 우리가 이 땅에서 사용하는 것으로 뜻이 하늘에서 이루어진 것같이 땅에서도 이루어지도록 하는 데 오늘날 교회에 절대적으로 필요한 것입니다. 예수님께서는 공생애 사역의 마지막에 주님이 행하신 일들을 제자들에게도 맡기시며, 주님이 행하신 일보다 더 큰 일도 할 수 있다고 말씀하셨습니다.

내가 아버지 안에 거하고 아버지는 내 안에 계신 것을 네가 믿지 아니하느냐 내가 너희에게 이르는 말은 스스로 하는 것이 아니라 아버지께서 내 안에 계셔서 그의 일을 하시는 것이라 내가 아버지 안에 거하고 아버지께서 내 안에 계심을 믿으라 그렇지 못하겠거든 행하는 그 일로 말미암아 나를 믿으라 내가 진실로 진실로 너희에게 이르노니 나를 믿는 자는 내가 하는 일을 그도 할 것이요 또한 그보다 큰 일도 하리니 이는 내가 아버지께로 감이라

요 14:10-12

제자뿐만 아니라 그들이 전한 복음을 듣고 예수 그리스도를 믿는 우리도 할 수 있다고 말씀하셨습니다.

믿는 자들에게는 이런 표적이 따르리니 곧 그들이 내 이름으로 귀신을 쫓아내며 새 방언을 말하며 뱀을 집어 올리며 무슨 독을 마실지라도 해를 받지 아니하며 병든 사람에게 손을 얹은즉 나으리라 하시더라 주 예수께서 말씀을 마치신 후에 하늘로 올려지사 하나님 우편에 앉으시니라 막 16:17-19

여기서 우리는 하나님의 일을 어떻게 행할 수 있는지 중요한 깨달음을 얻어야 합니다. 다시 한번 생각해보십시오. 예수님께서 어떻게 하나님의 일을 행하셨습니까? 바로 성령의 능력 가운데 하나님의 이름으로 하나님의 일들을 행하신 것입니다.

하나님이 나사렛 예수에게 성령과 능력을 기름 붓듯 하셨으매 그가 두루 다니시며 선한 일을 행하시고 마귀에게 눌린 모든 사람을 고치셨으니 이는 하

나님이 함께하셨음이라 행 10:38

예수께서 대답하시되 내가 너희에게 말하였으되 믿지 아니하는도다 내가 내
아버지의 이름으로 행하는 일들이(miracles) 나를 증거하는 것이거늘
요 10:25

그렇다면 예수님께서는 어떻게 해야 우리가 하나님의 일을 행할
수 있다고 말씀하셨습니까? 회개하고 예수님을 믿음으로 죄 사함을
받고 우리가 예수 그리스도 안에서 하나님의 의가 되고 성령 충만함
을 받을 때 예수 그리스도의 이름으로 행할 수 있다고 말씀하셨습니
다. 바로 이것이 초대 교회 때 사도들이 행한 일이었습니다.

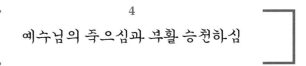

4
예수님의 죽으심과 부활 승천하심

우리는 흔히 예수님께서 우리의 죄를 사하셨다는 사실만 강조하지
만, 하나님나라의 관점에서 볼 때 예수님께서 지신 십자가의 목적은
단지 우리의 죄만 사하시기 위함이 아니라 궁극적으로 우리로 하여

금 하나님나라로 침노케 하여 하나님의 자녀의 삶을 살도록 하기 위함이라는 사실을 알아야 합니다.

> 율법과 선지자는 요한의 때까지요 그 후부터는 하나님나라의 복음이 전파되어 사람마다 그리로 침입하느니라 눅 16:16

하나님께서 창조하신 인간이 마귀의 속임으로 타락했을 때를 생각해보십시오. 그 타락으로 인해 일어난 일이 무엇입니까? 바로 하나님의 영이 인간을 떠난 것입니다. 왜냐하면 죄가 있는 곳에 하나님의 영이 거하실 수 없기 때문입니다. 그 결과 하나님의 생명 안에 존재하던 영적 인간이 스스로 존재하는 육적 인간으로 전락하게 되었습니다.

> 여호와께서 이르시되 나의 영이 영원히 사람과 함께하지 아니하리니 이는 그들이 육신이 됨이라 그러나 그들의 날은 백이십 년이 되리라 하시니라 창 6:3

그렇지만 하나님께서는 지으신 세상과 그 자녀를 끝까지 포기하지 않으십니다. 우리는 그것을 성경 창세기부터 요한계시록을 통해 볼 수 있습니다. 하나님께서는 인간이 타락한 후에도 노아를 통해서, 아브라함을 통해서, 모세를 통해서 끊임없이 자신이 지으신 백성들에게 은혜를 베푸시고, 하나님의 법(영광) 안에서 하나님의 나라를 이루기 원하셨습니다. 요한계시록의 마지막에 몸의 부활을 입은 자녀들이 새 하늘과 새 땅에 거하게 되는 것을 생각해보십시오.

2천 년 전 마침내 때가 이르렀을 때 하나님께서는 그 아들 예수 그리스도를 이 땅에 보내셔서 다시금 타락 전의 상태를 알려주시고 (하나님나라의 복음을 전하고 보여주시고), 그 백성으로 하여금 하나님나라의 자녀가 되도록 하셨습니다. 하나님의 자녀가 되기 위해서는 하나님의 생명이 우리에게 다시 임해야 합니다. 그런데 이미 언급한 바와 같이 죄가 있는 곳에는 하나님의 생명이 임하실 수 없습니다.

모든 사람이 죄를 범하였으매 하나님의 영광에 이르지 못하더니 롬 3:23

하나님의 영이 우리에게 임하심으로 우리가 하나님의 자녀가 되기 위해서는 "죄의 삯은 사망이라"라는 하나님의 공의(公義)를 먼저 만족시켜야 합니다. 죄 없으신 예수님께서 십자가에 죽으시고 삼 일만에 부활하신 것이 바로 이 일을 위해서입니다. 하나님의 아들이시며 죄 없는 그분께서 우리의 모든 죄를 대신 지고 십자가에 죽으셨고, 음부로 내려가심으로 하나님의 공의를 만족시키셨습니다. 그리고 죽은 지 사흘 만에 하나님의 영에 의해서 부활하셨고, 하늘에 오르사 모든 영광을 받으셨습니다.

우리는 다 양 같아서 그릇 행하여 각기 제 길로 갔거늘 여호와께서는 우리 모두의 죄악을 그에게 담당시키셨도다 사 53:6

욕을 당하시되 맞대어 욕하지 아니하시고 고난을 당하시되 위협하지 아니하시고 오직 공의로 심판하시는 이에게 부탁하시며 친히 나무에 달려 그 몸으로 우리 죄를 담당하셨으니 이는 우리로 죄에 대하여 죽고 의에 대하여 살게 하려 하심이라… 벧전 2:23,24

그는 근본 하나님의 본체시나 하나님과 동등됨을 취할 것으로 여기지 아니하시고 오히려 자기를 비워 종의 형체를 가지사 사람들과 같이 되셨고 사람의 모양으로 나타나사 자기를 낮추시고 죽기까지 복종하셨으니 곧 십자가에 죽으심이라 이러므로 하나님이 그를 지극히 높여 모든 이름 위에 뛰어난 이름을 주사 하늘에 있는 자들과 땅에 있는 자들과 땅 아래에 있는 자들로 모든 무릎을 예수의 이름에 꿇게 하시고 모든 입으로 예수 그리스도를 주라 시인하여 하나님 아버지께 영광을 돌리게 하셨느니라 빌 2:6-11

그리고 약속하신 보혜사 성령님을 우리에게 보내주신 것입니다. 성경에서 말씀하신 바로 '그 날'이 보혜사 성령님이 우리에게 오신 오순절 날입니다.

내가 아버지께 구하겠으니 그가 또 다른 보혜사를 너희에게 주사 **영원토록**

너희와 함께 있게 하리니 요 14:16

그 날에는 내가 아버지 안에, 너희가 내 안에, 내가 너희 안에 있는 것을 너희가 알리라 요 14:20

내가 아버지께로부터 너희에게 보낼 보혜사 곧 아버지께로부터 나오시는 진리의 성령이 오실 때에 그가 나를 증언하실 것이요 요 15:26

그리고 그분은 지금 하나님 우편에 계실 뿐만 아니라 우리 안에 계시며, 우리로 하여금 예수 그리스도 안에서 하나님의 자녀로 ,하나님의 상속자로 유업을 이어가게 하십니다.

너희가 아들이므로 하나님이 그 아들의 영을 우리 마음 가운데 보내사 아빠 아버지라 부르게 하셨느니라 그러므로 네가 이 후로는 종이 아니요 아들이니 아들이면 하나님으로 말미암아 유업을 받을 자니라 갈 4:6,7

성령이 친히 우리의 영과 더불어 우리가 하나님의 자녀인 것을 증언하시나니 자녀이면 또한 상속자 곧 하나님의 상속자요 그리스도와 함께한 상속자니 우리가 그와 함께 영광을 받기 위하여 고난도 함께 받아야 할 것이니라

롬 8:16,17

자신이 지은 죄를 회개하는 것이 아니라 자신의 본질이 죄를 지을 수밖에 없다는 것을 깨닫고, 그 마음을 되돌려 예수 그리스도만이 구원자이시며 살아 계신 하나님의 아들이심을 믿는 자는 예수 그리스도의 죽으심과 부활하심에 연합함으로써 새로운 생명으로 거듭나게 되는 것입니다.

> 만일 우리가 그의 죽으심과 같은 모양으로 연합한 자가 되었으면 또한 그의 부활과 같은 모양으로 연합한 자도 되리라 롬 6:5

> 우리 주 예수 그리스도의 아버지 하나님을 찬송하리로다 그의 많으신 긍휼대로 예수 그리스도를 죽은 자 가운데서 부활하게 하심으로 말미암아 우리를 거듭나게 하사 산 소망이 있게 하시며 벧전 1:3

> 하나님이 세상을 이처럼 사랑하사 독생자를 주셨으니 이는 그를 믿는 자마다 멸망하지 않고 영생을 얻게 하려 하심이라 요 3:16

모든 인간이 하나님의 자녀가 되도록 하기 위해서 예수님께서 친히 이 땅에 오셔서 십자가를 지심으로 그를 믿는 자마다 죄 사함을 받고 다시 주님 앞으로 나아가는 '길'이 되시고, 부활하셔서 자신의 피로써 하나님의 공의를 만족시키심으로 그를 믿는 자가 하나님의 의가 되는 '진리'가 되시고, 승천하신 후 성령님을 보내심으로 그를 믿는 자의 '생명'이 되신 것입니다.

> **예수께서 이르시되** 내가 곧 길이요 진리요 생명이니 **나로 말미암지 않고는**
> **아버지께로 올 자가 없느니라** 요 14:6

하나님나라의 관점에서 볼 때 복음의 약속과 성취를 논리적으로
설명하자면, 하나님나라는 복음의 약속이고, 예수님의 죽으심과 부
활은 약속의 증거이며, 그 약속을 누릴 수 있는 전제조건이 됩니다.
그리고 마지막으로 오직 예수 그리스도를 믿음으로 옛사람이 십자
가에 못 박히고 우리 안에 오신 그리스도는 복음의 성취이신 것입니
다. 예수님께서는 이 일을 이루기 위해서 이 땅에서는 세상 죄를 지
고 가는 어린양으로 오셔서 인간의 모든 죄를 대속하기 위해 십자가
에서 죽으셨고, 부활하신 후에는 대제사장으로서 자신의 피를 가지
고 지성소에 들어가셨으며, 승천하신 후에는 새 언약의 중보자로 계
시며, 재림 때는 심판주로 다시 오실 것입니다.

> **이튿날 요한이 예수께서 자기에게 나아오심을 보고 이르되 보라** 세상 죄를
> 지고 가는 하나님의 어린양이로다 요 1:29

> 그리스도께서는 장래 좋은 일의 대제사장으로 오사 **손으로 짓지 아니한 것**
> 곧 이 창조에 속하지 아니한 더 크고 온전한 장막으로 말미암아 염소와 송아

지의 피로 하지 아니하고 오직 자기의 피로 영원한 속죄를 이루사 단번에 성소에 들어가셨느니라 히 9:11,12

이로 말미암아 그는 새 언약의 중보자시니 이는 첫 언약 때에 범한 죄에서 속량하려고 죽으사 부르심을 입은 자로 하여금 영원한 기업의 약속을 얻게 하려 하심이라 히 9:15

하나님 앞과 살아 있는 자와 죽은 자를 심판하실 그리스도 예수 앞에서 그가 나타나실 것과 그의 나라를 두고 엄히 명하노니 딤후 4:1

[
5
교회가 어떻게 하나님의 일을
행할 수 있는가?
]

예수 그리스도를 믿는 자는 그 날 이후부터 예수 그리스도의 이름으로 하나님 아버지께 구하고, 하나님 아버지께서는 예수 그리스도의 이름으로 우리에게 주십니다. 핵심은 '예수 그리스도의 이름'과 '그 날'입니다. 먼저 예수 그리스도의 이름에 대해서 알아보겠습니다.

너희가 나를 택한 것이 아니요 내가 너희를 택하여 세웠나니 이는 너희로 가서 열매를 맺게 하고 또 너희 열매가 항상 있게 하여 내 이름으로 아버지께 무엇을 구하든지 다 받게 하려 함이라 요 15:16

이 문제를 정확히 이해하기 위해서는 혼돈을 초래하는 말씀부터 제대로 이해하고 넘어가야 합니다. 왜냐하면 요한복음 14장 14절의 말씀을 보면 마치 예수 그리스도의 이름으로 예수님께 구하면 예수님께서 주시는 것처럼 표현되어 있기 때문입니다.

너희가 내 이름으로 무엇을 구하든지 내가 행하리니 이는 아버지로 하여금 아들로 말미암아 영광을 받으시게 하려 함이라 내 이름으로 무엇이든지 내게 구하면 내가 행하리라 요 14:13,14

이 말씀을 이해하기 위해서는 12절의 말씀을 먼저 생각해보아야 합니다. 예수 그리스도를 믿는 자가 예수님께서 행하신 일들을 행할 수 있는 이유는 예수님께서 먼저 아버지께로 가시기 때문이라고 말씀합니다.

내가 진실로 진실로 너희에게 이르노니 나를 믿는 자는 내가 하는 일을 그도 할 것이요 또한 그보다 큰 일도 하리니 이는 내가 아버지께로 감이라 요 14:12

예수 그리스도께서 하신 일들을 우리도 할 수 있는 시점은 약속하신 보혜사 성령님이 강림하신 후 '그 날'이며, 따라서 이 말씀은 요한복음 16장의 말씀과 일치하며 같은 선상에서 이해되어야 합니다.

그 날에는 너희가 아무것도 내게 묻지 아니하리라 내가 진실로 진실로 너희에게 이르노니 너희가 무엇이든지 아버지께 구하는 것을 내 이름으로 주시리라 지금까지는 너희가 내 이름으로 아무것도 구하지 아니하였으나 구하라 그리하면 받으리니 너희 기쁨이 충만하리라 요 16:23,24

요한복음 14장 14절의 말씀을 잘못 해석하면 우리는 두 가지 잘못된 생각을 갖게 됩니다. ① 우리가 예수님께 구해야 한다고 생각합니다. 그러나 그것은 요한복음 16장의 말씀과 상치됩니다. 예수님께서는 좀 더 분명하고 구체적으로, 예수님께 구하는 것이 아니라 예수 그리스도의 이름으로 아버지께 구해야 한다고 말씀하셨습니다. ② 다음 구절인 "구하면 내가 행하리라"를 해석하면, 마치 우리가 예수님께 구하는 것을 예수님께서 해주시는 것으로 생각하게 됩니다. 그러나 그렇게 해석하면 예수님의 다른 말씀과 상치됩니다. 왜냐하면 예수님께서도 자신이 행하시는 것이 아니라 아버지께서 성령을 통해서 이루신다고 분명히 말씀하고 계시기 때문입니다.

내가 아버지 안에 거하고 아버지는 내 안에 계신 것을 네가 믿지 아니하느냐 내가 너희에게 이르는 말은 스스로 하는 것이 아니라 아버지께서 내 안에 계셔서 그의 일을 하시는 것이라 요 14:10

이 말씀은 "내가 그 일을 행한다"라는 뜻이 아니라 "내가 그 일이 이루어지도록 한다"라는 의미에서의 행한다는 뜻입니다. 따라서 이 말씀을 예수님께서 친히 그 일을 행한다는 의미로 받아들일 수는 없습니다. 결론적으로 요한복음 14장과 16장 모두 한 뜻으로, 서로 다르게 해석될 수 없습니다. 우리는 예수 그리스도의 이름으로 아버지께 구하고, 아버지께서는 예수 그리스도의 이름으로 우리에게 구하는 것을 주십니다.

우리가 하나님나라의 관점에서 말씀을 보지 못하면 요한복음 14장 14절뿐만 아니라 요한복음 16장 26절의 말씀도 제대로 이해되지 않을 수 있습니다.

그 날에 너희가 내 이름으로 구할 것이요 내가 너희를 위하여 아버지께 구하겠다 하는 말이 아니니 **이는 너희가 나를 사랑하고 또 내가 하나님께로부터 온 줄 믿었으므로 아버지께서 친히 너희를 사랑하심이라** 요 16:26,27

혹자는 예수님께서는 예수 그리스도의 이름으로 아버지께 구하라고 말씀하셨는데, 26절에서 "내가 너희를 위하여 아버지께 구하겠다 하는 말이 아니니"라고 말씀하시는 것은 또 무슨 뜻인지 의문을 가질지도 모르겠습니다. 이 말씀의 뜻은 그 날에는 예수님께서 더 이상 육신을 지닌 인간으로 계시지 않기 때문에 예수님 자신이 우리를 위하여 친히 아버지께 구하지 않는다는 의미입니다. 더욱이 그 날 이후에 우리는 이미 예수 그리스도의 이름 안에 있기 때문에(내가 죽고 예수 그리스도 안에 살기 때문에) 그분이 또다시 아버지께 구할 필요가 없다는 뜻이기도 합니다. 그러면 다시 '그 날'로 돌아가봅시다. 그 날이 언제입니까? 바로 약속하신 보혜사 성령님이 강림하시는 오순절 날입니다. 예수님께서 부활하신 후 제자들에게 말씀하신 것을 생각해보십시오.

너희는 이 모든 일의 증인이라 볼지어다 내가 내 아버지께서 약속하신 것을 너희에게 보내리니 너희는 위로부터 능력으로 입혀질 때까지 **이 성에 머물라 하시니라** 눅 24:48,49

요한은 물로 세례를 베풀었으나 너희는 몇 날이 못 되어 성령으로 세례를 받 으리라 **하셨느니라** 행 1:5

오직 성령이 너희에게 임하시면 **너희가 권능을 받고 예루살렘과 온 유대와** 사마리아와 땅 끝까지 이르러 내 증인이 되리라 하시니라 행 1:8

오순절 날이 이미 이르매 그들이 다같이 한 곳에 모였더니 홀연히 하늘로부터 급하고 강한 바람 같은 소리가 있어 그들이 앉은 온 집에 가득하며 마치 불의 혀처럼 갈라지는 것들이 그들에게 보여 각 사람 위에 하나씩 임하여 있더니 그들이 다 성령의 충만함을 받고 성령이 말하게 하심을 따라 다른 언어들로 말하기를 시작하니라 행 2:1-4

오순절 날 성령충만함을 경험한 베드로가 어떻게 주의 일을 행했는지 생각해보십시오.

베드로가 이르되 은과 금은 내게 없거니와 내게 있는 이것을 네게 주노니 나사렛 예수 그리스도의 이름으로 일어나 걸으라 하고 행 3:6

예수님께서 전하신 복음의 핵심은 단지 우리가 예수 그리스도를 믿고 죄 사함을 얻고 축복과 형통을 누리는 삶이 아니라, 예수 그리스도 안에서 하나님의 자녀가 되어 이 땅에서 하나님의 일을 행하는 것입니다. 그 핵심은 바로 그 날 이후에 성령 충만함을 받고 예수 그리스도의 이름으로 행하는 것입니다. 그것이 바로 사도 베드로가 한 일입니다.

예수 그리스도의 몸 된 교회인 우리가 하나님의 자녀로서 이 땅에서 해야 할 일이 바로 이것입니다. 우리의 지혜와 능력으로 축복과 형통을 구하는 삶이 아니라 예수 그리스도 안에서 예수 그리스도의 이름으로 하나님 아버지의 일을 이 땅에 나타내는 것 말입니다. 인간의 능력으로 할 수 있는 일을 행하는 자가 아니라 하나님의 나타나심으로만 가능한 일, 즉 인간의 능력으로 행할 수 없는 주의 일을 행하는 것입니다. 그러나 안타깝게도 오늘날 우리의 현실은 하나님의 능력의 나타나심을 구하기보다는 하나님을 이용해서 우리의 능력을 극대화시키고자 한다는 것입니다.

오늘 이 시대에 우리는 무엇을 보여주어야 합니까? 하나님께서 우리에게 정말 원하시는 것은 무엇일까요? 이 시대에 대부분의 교회에서는 인간의 능력으로 할 수 있는 일, 즉 하나님이 아니어도 가능한 전문가들에 의한 다양한 사역과 프로그램이 이루어지고 있습니다. 물론 그런 사역과 프로그램 자체가 잘못된 것은 아닙니다. 그러나 하나님의 개입하심으로만 이루어지는 초자연적인 일들이 교회에서 일어나지 않기 때문에 그런 사역과 프로그램으로 대치된 것은 아닐까요? 교회에서는 인간이 할 수 없는 일, 즉 하나님의 역사하심으로만 가능한 일들이 일어나야 합니다. 만일 교회 안에 그리스도의 마음을 가진 자들에 의해서 하나님께서 역사하시는 초자연적인 일들이 일어나기 시작한다면, 교회가 지금처럼 전문가에 의한 일에 몰두하지 않을 것이고, 세상이 교회를 세속화시키고 모독하는 일이 사라지게 될 것입니다.

질문&토론

1. 예수님의 공생애 사역의 주요한 세 가지 특징은 무엇입니까?

- 첫 번째 특징은 예수님께서는 모든 일을 자신의 뜻대로 하지 않으시고, 하나님 아버지의 뜻대로 하셨다는 것입니다. (요 5:19 ; 요 6:38 ; 요 8:26-29)

- 두 번째 특징은 예수님께서는 자신의 일이 아닌 하나님 아버지의 일만을 행하셨다는 것입니다. (요 5:17 ; 요 14:10,11)

- 세 번째 특징은 보이지 않는 하나님의 형상이신 예수님께서는 아버지의 이름으로 이 땅에 오셔서 아버지의 이름으로 그의 일을 행함으로 하나님 아버지의 이름을 영화롭게 하였다는 것입니다. (요 12:28)

2. 예수님께서 선포하신 하나님나라는 어떻게 들어갈 수 있으며, 그것은 무엇을 의미합니까?

- 우리가 하나님나라로 들어가도록 하기 위해서 예수님께서 행하신 일은 무엇입니까? (요 3:14-16)

- 물과 성령으로 거듭나야만 하나님나라에 들어갈 수 있다는 것은 무엇을 의미합니까? (요 3:3-7)

- 하나님의 나라는 너희 안에 있다는 말은 무엇을 의미합니까? (눅 17:21 ; 골 1:27 ; 롬 8:14)

- 구원받은 것과 하나님나라로 들어가는 것은 어떤 차이가 있습니까? (롬 5,6장 ; 롬 8:12,13)

3. 예수님께서는 그를 믿는 자에게 하나님나라에 들어가도록 하시기 위해서 무엇을 하셨습니까?

● 그분은 타락한 인간을 다시 하나님의 생명을 지닌 자녀가 되도록 하시기 위해서 "죄의 삯은 사망이요"(롬 6:23), "피 흘림이 없은즉 사함이 없느니라"(히 9:22)라는 하나님의 공의를 만족시키기 위해서 십자가에서 죽으셨습니다.

● 우리가 영적 죽음과 육적 죽음을 경험하는 것처럼 예수님께서도 동일한 죽음을 죽으셨습니다 (마 27:46 ; 눅 23:46).

● 예수님께서는 하나님의 뜻을 이루시기 위해 하나님의 어린양으로 오셨고 (요 1:29), 부활하신 후에는 대제사장으로(히 9:11,12), 승천하신 후에는 중보자로 계시며(히 9:15), 심판주로(딤후 4:1) 오실 것입니다.

질문&토론

4. 예수님께서 세우신 교회는 무엇이며 예수님께서는 교회를 통해서 무엇을 하기 원하십니까?

- 교회는 예수 그리스도를 믿음으로 하나님나라로 들어가고 세상에서 그 나라와 의를 이루기 위해서 부름 받은 자들의 모임입니다.

- 성령을 통하여 예수 그리스도가 누구인지 아는 자들의 모임이 바로 교회입니다. 예수님께서는 교회를 통해서 하나님의 자녀가 돌아오고 그들이 위임된 왕권을 회복하고 어둠의 세력을 물리치기를 원하십니다. (막 16:17-19)

- 그 일을 위해서 교회에 천국 열쇠를 주셨습니다. 천국 열쇠는 하나님의 자녀인 우리가 이 땅에서 사용하는 것으로 뜻이 하늘에서 이루어진 것같이 땅에서 이루어지도록 하는 데 절대적으로 필요한 것입니다. (마 16:18,19)

- 교회는 인간이 할 수 있는 일이 아니라 인간이 할 수 없는 일을 행하는 곳이어야 합니다. (막 16:20)

5. 예수님께서는 교회가 언제 어떻게 하나님의 일을 행할 수 있다고 하셨습니까?

- '그 날'은 언제를 말합니까? (요 14:12 ; 행 1:5)

- 요한복음 14장 13,14절, 16장 23,24절, 16장 26,27절을 모순되지 않게 정리해보십시오.

- 예수 그리스도의 이름의 능력은 어떻게 경험할 수 있습니까?
  (행 1:8 ; 행 3:6)

chapter 3

사도들의 행함

—

하나님나라에서
예수 그리스도의 이름으로
사는 자

1
예수님의 부활 후
제자들의 삶은 어떠했는가?

예수님께서 잡히시던 날 밤에 베드로는 예수님께서 예언하신 대로 닭이 두 번 울기 전에 세 번이나 예수님을 부인했습니다. 다른 제자들 역시 예수님께서 돌아가신 후 두려워 숨어버렸습니다. 부활하신 예수님께서 그들에게 나타나셨지만 일부 제자들은 그 사실조차 믿지 않았습니다. 제자들은 본래 생업으로 돌아가 디베랴 바닷가에서 고기잡이를 했습니다. 예수님을 3년 반이나 따라다녔던 제자들의 반응이 너무 어처구니없다고 생각하지 않습니까?

오늘날 우리는 신약성경에 기록된 그 당시의 상황과 일어난 일 그리고 예수님의 말씀을 이미 알고 있지만, 그 당시 제자들은 그들이 처한 막막한 상황 속에서 예수님께서 죽으시기 전 그들에게 하셨던 말씀을 기억하고 떠올리는 것밖에 할 수 없었습니다. 예수님께서는 예수님이 돌아가신 후에 어떤 일이 일어날 것인지에 대해 자세히 알려주셨지만, 제자들은 그것이 무엇을 의미하는지 알지 못한 채 다시 디베랴 바닷가에서 고기를 잡는 어부로 돌아간 것입니다.

그러나 내가 너희에게 실상을 말하노니 내가 떠나가는 것이 너희에게 유익이라 내가 떠나가지 아니하면 보혜사가 너희에게로 오시지 아니할 것이요 가면 내가 그를 너희에게로 보내리니 요 16:7

보혜사 곧 아버지께서 내 이름으로 보내실 성령 그가 너희에게 모든 것을 가르치고 내가 너희에게 말한 모든 것을 생각나게 하리라 요 14:26

부활하신 예수님께서는 제자들에게 여러 번 나타나셔서 십자가를 지시기 전에 하셨던 말씀을 다시 한번 상기시키셨습니다. 그것은 바로 하나님나라의 일에 대한 것이었습니다.

그가 고난 받으신 후에 또한 그들에게 확실한 많은 증거로 친히 살아 계심을 나타내사 사십 일 동안 그들에게 보이시며 하나님나라의 일을 말씀하시니라 행 1:3

그리고 승천하시기 전 예수님께서는 제자들에게 하나님나라의 삶을 가능하게 하실 약속하신 보혜사 성령님을 기다리라고 말씀하셨습니다.

볼지어다 내가 내 아버지께서 약속하신 것을 너희에게 보내리니 너희는 위로부터 능력으로 입혀질 때까지 이 성에 머물라 하시니라 눅 24:49

요한은 물로 세례를 베풀었으나 너희는 몇 날이 못되어 성령으로 세례를 받
으리라 하셨느니라 행 1:5

예수님께서 약속하신 대로 오순절에 마침내 성령님께서 그들에게
강림하셨을 때 그들은 성령충만을 받게 되었고, 더 이상 자신의 삶
을 사는 것이 아니라 예수 그리스도 안에서 하나님을 나타내는 삶을
살게 되었습니다. 예수님께서 돌아가시기 전에 제자들에게 하셨던
모든 말씀을 제자들 스스로 깨달은 것이 아닙니다. 바로 진리의 영
이신 성령님께서 그 모든 말씀을 기억나게 하고 가르쳐주셨습니다.

내가 아버지께로부터 너희에게 보낼 보혜사 곧 아버지께로부터 나오시는 진
리의 성령이 오실 때에 그가 나를 증언하실 것이요 요 15:26

그러나 진리의 성령이 오시면 그가 너희를 모든 진리 가운데로 인도하시리니
그가 스스로 말하지 않고 오직 들은 것을 말하며 장래 일을 너희에게 알리시
리라 요 16:13

2
예수님께서 약속하신 하나님 나라의 시작은?

하나님의 나라, 즉 하나님의 통치는 어떻게 이루어지며 언제 시작합니까? 그것은 바로 하나님의 영이 우리에게 임하심으로 이루어지며, 그 말씀이 우리 안에 기록될 때 시작됩니다. 그 일은 이미 구약의 선지자들을 통해서 예언된 말씀입니다.

> 여호와의 말씀이니라 보라 날이 이르리니 내가 이스라엘 집과 유다 집에 새 언약을 맺으리라 이 언약은 내가 그들의 조상들의 손을 잡고 애굽 땅에서 인도하여 내던 날에 맺은 것과 같지 아니할 것은 내가 그들의 남편이 되었어도 그들이 내 언약을 깨뜨렸음이라 여호와의 말씀이니라 그러나 그 날 후에 내가 이스라엘 집과 맺을 언약은 이러하니 곧 내가 나의 법을 그들의 속에 두며 그들의 마음에 기록하여 나는 그들의 하나님이 되고 그들은 내 백성이 될 것이라 여호와의 말씀이니라 렘 31:31-33

> 또 새 영을 너희 속에 두고 새 마음을 너희에게 주되 너희 육신에서 굳은 마음을 제거하고 부드러운 마음을 줄 것이며 또 내 영을 너희 속에 두어 너희

로 내 율례를 행하게 하리니 너희가 내 규례를 지켜 행할지라 겔 36:26,27

예수님께서 약속하신 '그 날', 즉 "성령님께서 강림하시는 날"이 바로 현재적 하나님나라의 시작이며 이 일이 바로 오순절에 일어났습니다.

또 그들에게 이르시되 내가 진실로 너희에게 이르노니 여기 서 있는 사람 중에는 죽기 전에 하나님의 나라가 권능으로 임하는 것을 볼 자들도 있느니라 하시니라 막 9:1

그러나 내가 하나님의 성령을 힘입어 귀신을 쫓아내는 것이면 하나님의 나라가 이미 너희에게 임하였느니라 마 12:28

오순절 날이 이미 이르매 그들이 다같이 한 곳에 모였더니 홀연히 하늘로부터 급하고 강한 바람 같은 소리가 있어 그들이 앉은 온 집에 가득하며 마치 불의 혀처럼 갈라지는 것들이 그들에게 보여 각 사람 위에 하나씩 임하여 있더니 그들이 다 성령의 충만함을 받고 성령이 말하게 하심을 따라 다른 언어들로 말하기를 시작하니라 행 2:1-4

예수님께서 친히 말씀하신 오순절 사건은 구약의 요엘 선지자의 예언이 성취된 것입니다.

요한은 물로 세례를 베풀었으나 너희는 몇 날이 못 되어 성령으로 세례를 받으리라 하셨느니라 행 1:5

그 후에 내가 내 영을 만민에게 부어 주리니 너희 자녀들이 장래 일을 말할 것이며 너희 늙은이는 꿈을 꾸며 너희 젊은이는 이상을 볼 것이며 그 때에 내가 또 내 영을 남종과 여종에게 부어 줄 것이며 욜 2:28,29

[
3
사도행전은 성령 안에서
예수 그리스도의 이름 행전이다
]

사도행전은 흔히 성령행전이라고 일컬어지는데, 사도행전을 자세히 살펴보면 사도행전이 '성령 안에서 예수 그리스도의 이름 행전'임을 알 수 있습니다. 사도행전은 예수님께서 공생애 기간 그리고 부활과 승천 사이의 40일 동안 제자들에게 하신 말씀과 약속이 성취되는 내용을 담고 있습니다. 그 약속이 무엇입니까? 바로 성령 하나님께서 강림하심으로 우리가 예수 그리스도의 이름으로 주의 일을 할 수 있다는 약속입니다.

내가 진실로 진실로 너희에게 이르노니 나를 믿는 자는 내가 하는 일을 그도 할 것이요 또한 그보다 큰 일도 하리니 이는 내가 아버지께로 감이라

요 14:12

예수께서 나아와 말씀하여 이르시되 하늘과 땅의 모든 권세를 내게 주셨으니 그러므로 너희는 가서 모든 민족을 제자로 삼아 아버지와 아들과 성령의 이름으로 세례를 베풀고 내가 너희에게 분부한 모든 것을 가르쳐 지키게 하라 볼지어다 내가 세상 끝날까지 너희와 항상 함께 있으리라 하시니라

마 28:18-20

그 날에 너희가 내 이름으로 구할 것이요 내가 너희를 위하여 아버지께 구하겠다 하는 말이 아니니 이는 너희가 나를 사랑하고 또 내가 하나님께로부터 온 줄 믿었으므로 아버지께서 친히 너희를 사랑하심이라 요 16:26,27

예수님께서 하셨던 말씀을 깨닫지 못했던 베드로가 마침내 오순절 성령강림을 통해서 예수님의 모든 가르침을 깨닫게 되었고, 그때부터 그 가르침대로 예수 그리스도의 이름으로 주의 뜻을 이루는 사도행전이 시작된 것입니다.

베드로가 이르되 은과 금은 내게 없거니와 내게 있는 이것을 네게 주노니 나사렛 예수 그리스도의 이름으로 일어나 걸으라 하고 행 3:6

성령님께 사로잡힌 바 된 베드로는 더 이상 자신의 경험과 이성으로 사는 삶이 아니라 성령님의 인도함을 받아 예수님께서 말씀하신 것을 이루기 시작했습니다. 많은 사람들이 베드로의 설교와 그를 통해 나타난 기적을 보고 놀랐을 때 베드로는 하나님의 일을 행하는 비밀이 자신의 능력과 경건에 달린 것이 아니라 바로 예수 그리스도의 이름과 예수 그리스도 안에 있는 믿음이 그 일을 가능하게 했다고 말했습니다.

> 나은 사람이 베드로와 요한을 붙잡으니 모든 백성이 크게 놀라며 달려 나아가 솔로몬의 행각이라 불리우는 행각에 모이거늘 베드로가 이것을 보고 백성에게 말하되 이스라엘 사람들아 이 일을 왜 놀랍게 여기느냐 우리 개인의 권능과 경건으로 이 사람을 걷게 한 것처럼 왜 우리를 주목하느냐 행 3:11,12

> 그 이름을 믿으므로 그 이름이 너희가 보고 아는 이 사람을 성하게 하였나니 예수로 말미암아 난 믿음이 너희 모든 사람 앞에서 이같이 완전히 낫게 하였느니라 행 3:16

그 당시 제자들의 모든 사역은 예수 그리스도의 이름으로 행해졌습니다. 그들은 어디를 가든지 하나님나라의 복음과 예수 그리스도의 이름을 전했습니다. 그러자 종교 지도자들이 가장 두려워하는 것이 예수 그리스도의 이름이 되었습니다. 예수 그리스도의 이름이 바로 능력의 근원이라는 것을 그들이 알게 되었기 때문입니다.

이튿날 관리들과 장로들과 서기관들이 예루살렘에 모였는데 대제사장 안나스와 가야바와 요한과 알렉산더와 및 대제사장의 문중이 다 참여하여 사도들을 가운데 세우고 묻되 너희가 무슨 권세와 누구의 이름으로 이 일을 행하였느냐 이에 베드로가 성령이 충만하여 이르되 백성의 관리들과 장로들아 만일 병자에게 행한 착한 일에 대하여 이 사람이 어떻게 구원을 받았느냐고 오늘 우리에게 질문한다면 너희와 모든 이스라엘 백성들은 알라 너희가 십자가에 못 박고 하나님이 죽은 자 가운데서 살리신 나사렛 예수 그리스도의 이름으로 이 사람이 건강하게 되어 너희 앞에 섰느니라 이 예수는 너희 건축자들의 버린 돌로서 집 모퉁이의 머릿돌이 되었느니라 다른 이로써는 구원을 받을 수 없나니 천하 사람 중에 구원을 받을 만한 다른 이름을 우리에게 주신 일이 없음이라 하였더라 행 4:5-12

다른 이로써는 구원을 받을 수 없나니 천하 사람 중에 구원을 받을 만한 다른 이름을 우리에게 주신 일이 없음이라 하였더라 그들이 베드로와 요한이 담대하게 말함을 보고 그들을 본래 학문 없는 범인으로 알았다가 이상히 여기며 또 전에 예수와 함께 있던 줄도 알고 행 4:12,13

주여 이제도 그들의 위협함을 굽어보시옵고 또 종들로 하여금 담대히 하나님의 말씀을 전하게 하여 주시오며 손을 내밀어 병을 낫게 하시옵고 표적과 기

사가 거룩한 종 예수의 이름으로 이루어지게 하옵소서 하더라 행 4:29,30

그 당시 종교 지도자들이 제자들이나 예수 그리스도를 믿는 자들에게 요구한 것은 예수 그리스도의 이름으로 말하지도 말고 그 이름을 가르치지도 말라는 것이었습니다. 왜 그렇습니까? 하나님나라의 일을 보이고, 그 일을 행할 수 있는 것이 바로 예수 그리스도의 이름 때문이라고 가르쳤기 때문입니다.

이것이 민간에 더 퍼지지 못하게 그들을 위협하여 이 후에는 이 이름으로 아무에게도 말하지 말게 하자 하고 그들을 불러 경고하여 도무지 예수의 이름으로 말하지도 말고 가르치지도 말라 하니 행 4:17,18

그들을 끌어다가 공회 앞에 세우니 대제사장이 물어 이르되 우리가 이 이름으로 사람을 가르치지 말라고 엄금하였으되 너희가 너희 가르침을 예루살렘에 가득하게 하니 이 사람의 피를 우리에게로 돌리고자 함이로다 행 5:27,28

그들이 옳게 여겨 사도들을 불러들여 채찍질하며 예수의 이름으로 말하는 것을 금하고 놓으니 사도들은 그 이름을 위하여 능욕 받는 일에 합당한 자로 여기심을 기뻐하면서 공회 앞을 떠나니라 행 5:40,41

예수 믿는 자들을 핍박하기 위해서 다메섹으로 가던 바울이 예수님을 어떻게 만나게 되었는지 생각해보십시오. 그리고 예수님께서 바울을 부르시기 위해서 신실한 주의 종 아나니아에게 무엇을 말씀하셨는지도 생각해보십시오.

주께서 이르시되 가라 이 사람은 내 이름을 이방인과 임금들과 이스라엘 자손들에게 전하기 위하여 택한 나의 그릇이라 그가 내 이름을 위하여 얼마나 고난을 받아야 할 것을 내가 그에게 보이리라 하시니 행 9:15,16

바나바는 바울이 회심한 후에 그를 예루살렘에 있는 사도들에게 데려가서 그가 어떻게 회심하였는지, 그리고 그가 어떻게 예수의 이름으로 담대하게 복음을 선포하였는지 증언했습니다.

바나바가 (바울을) 데리고 사도들에게 가서 그가 길에서 어떻게 주를 보았는지와 주께서 그에게 말씀하신 일과 다메섹에서 그가 어떻게 예수의 이름으로 담대히 말하였는지를 전하니라 사울이 제자들과 함께 있어 예루살렘에 출입하며 또 주 예수의 이름으로 담대히 말하고 헬라파 유대인들과 함께 말하며 변론하니 그 사람들이 죽이려고 힘쓰거늘 행 9:27-29

바울을 의심한 헬라파 유대인들이 바울을 믿지 않고 죽이려 할 때 사도 야고보가 예루살렘 회의(사도행전 15장)에서 어떻게 말했는지 생각해보십시오. 그는 베드로가 어떻게 이방인에게 복음을 전했는지 말했습니다. 그리고 그 사실을 들어 바울도 하나님께서 이방인에게 복음을 전하기 위해서 들어 쓰신 것이라고 주장했습니다.

하나님이 처음으로 이방인 중에서 자기 이름을 위할 백성을 취하시려고 그들을 돌보신 것을 시므온이 말하였으니 행 15:14

이때 '시므온'은 베드로를 말하며, 베드로가 고넬료와 그 집안에서 일어난 사건을 예루살렘 교회에 보고한 것을 의미합니다. 사도행전 11장 말씀을 보십시오.

유대에 있는 사도들과 형제들이 이방인들도 하나님의 말씀을 받았다 함을 들었더니 베드로가 예루살렘에 올라갔을 때에 할례자들이 비난하여 이르되 네가 무할례자의 집에 들어가 함께 먹었다 하니 베드로가 그들에게 이 일을 차례로 설명하여 이르되 내가 욥바 시에서 기도할 때에 황홀한 중에 환상을 보니 큰 보자기 같은 그릇이 네 귀에 매어 하늘로부터 내리어 내 앞에까지 드리워지거늘 이것을 주목하여 보니 땅에 네 발 가진 것과 들짐승과 기는 것과 공중에 나는 것들이 보이더라 또 들으니 소리 있어 내게 이르되 베드로야 일어나 잡아먹으라 하거늘 내가 이르되 주님 그럴 수 없나이다 속되거나 깨끗하지 아니한 것은 결코 내 입에 들어간 일이 없나이다 하니 또 하늘로부터 두 번째 소리 있어 내게 이르되 하나님이 깨끗하게 하신 것을 네가 속되다고 하지 말라 하더라 이런 일이 세 번 있은 후에 모든 것이 다시 하늘로 끌려 올라가더라 마침 세 사람이 내가 유숙한 집 앞에 서 있으니 가이사랴에서 내게로 보낸 사람이라 성령이 내게 명하사 아무 의심 말고 함께 가라 하시매 이 여섯 형제도 나와 함께 가서 그 사람의 집에 들어가니 그가 우리에게 말하기를 천사가 내 집에 서서 말하되 네가 사람을 욥바에 보내어 베드로라 하는 시몬을 청하라 그가 너와 네 온 집이 구원 받을 말씀을 네게 이르리라 함을 보았다 하거늘 내가 말을 시작할 때에 성령이 그들에게 임하시기를 처음 우리에게 하신 것과 같이 하는지라 내가 주의 말씀에 요한은 물로 세례를 베풀었으나 너희는 성령으로 세례를 받으리라 하신 것이 생각났노라 그런즉 하나님이 우리가 주 예수 그리스도를 믿을 때에 주신 것과 같은 선물을 그들에게도 주셨으니 내가 누구이기에 하나님을 능히 막겠느냐 하더라 그들이 이 말을 듣고 잠잠하여 하나님께 영광을 돌려 이르되 그러면 하나님께서 이방인에게도 생명 얻는 회개를 주셨도다 하니라 행 11:1-18

사도 바울이 아그립바 왕 앞에서 자기변호를 하며 복음을 전할 때 그는 과거 자신이 예수 그리스도의 이름을 대적하는 것을 소명이라고 생각했다고 고백했습니다.

나도 나사렛 예수의 이름을 대적하여 많은 일을 행하여야 될 줄 스스로 생각하고 예루살렘에서 이런 일을 행하여 대제사장들에게서 권한을 받아 가지고 많은 성도를 옥에 가두며 또 죽일 때에 내가 찬성 투표를 하였고 행 26:9,10

이렇게 사도행전의 이야기는 사도들을 통해 역사하신 성령님의 이야기일 뿐만 아니라 더 나아가 성령 안에서 예수 그리스도의 이름으로 이루어지는 주(主)의 일에 대한 이야기입니다. 즉, 예수 그리스도께서 인자(人子)로서 지상 사역을 마치고 승천하신 후 성령님을 통하여 사도들과 제자들과 함께하셨던 예수 그리스도의 이름에 대한 이야기입니다.

주 예수께서 말씀을 마치신 후에 하늘로 올려지사 하나님 우편에 앉으시니라 제자들이 나가 두루 전파할새 주께서 함께 역사하사 그 따르는 표적으로 말씀을 확실히 증언하시니라 막 16:19,20

4
제자들은 어떻게 복음을 전했는가?

2천 년 전에 사도들과 그 제자들이 행한 일들은 무엇입니까? 그것은 하나님나라와 예수 그리스도의 이름을 전한 것입니다. 왜냐하면 예수님께서 전하신 복음이 바로 하나님나라의 복음, 즉 하나님께서 친히 통치하신다는 좋은 소식이며, 그 나라와 의를 구하기 위해서는 오직 예수 그리스도의 이름을 통해서만 가능하기 때문입니다.

> 빌립이 하나님나라와 및 예수 그리스도의 이름에 관하여 전도함을 그들이 믿
> 고 남녀가 다 세례를 받으니 행 8:12

그들은 먼저 하나님나라의 일을 말하고 보여주었습니다. 그 일은 오직 예수 그리스도의 이름으로 행해졌습니다. 그 예수님이 누구이신지에 대해서 말했습니다. 그리고 그 예수 그리스도를 믿고 구원을 얻도록 했습니다. 또한 구원받은 자들이 하나님의 자녀로 하나님나라에서 주의 뜻을 이루는 구별된 삶을 살도록 했습니다. 사도행전의 마지막을 보아도 알 수 있습니다.

> 그들이 날짜를 정하고 그가 유숙하는 집에 많이 오니 바울이 아침부터 저녁
> 까지 강론하여 하나님의 나라를 증언하고 모세의 율법과 선지자의 말을 가지
> 고 예수에 대하여 권하더라 행 28:23

> 하나님의 나라를 전파하며 주 예수 그리스도에 관한 모든 것을 담대하게 거
> 침없이 가르치더라 행 28:31

지금 당신이 진실을 알게 된다면 너무 놀라 기절할지도 모르겠습니다. 왜냐하면 더 이상 축복해달라고 기도할 필요가 없기 때문입

니다. 더 이상 하나님의 일을 행할 수 있는 능력을 달라고 기도할 필요가 없기 때문입니다. 더 이상 하나님의 뜻이 무엇인지 몰라 기도할 필요가 없기 때문입니다.

사도 베드로와 사도 바울이 경험한 것이 무엇입니까? 그들은 성령 강림을 경험했습니다. 두 사람이 가진 것이 무엇입니까? 바로 예수 그리스도의 이름입니다. 우리도 이 두 가지를 모두 가지고 있습니다. 그런데 우리는 왜 주의 일을 행할 수 없는 것일까요? 오직 한 가지입니다. 두 사람은 자신이 누구인지 알았고 지금 우리는 우리 자신이 누구인지 모르고 있다는 것입니다. 다른 말로 하면 베드로와 바울은 그리스도 안에 있는 자신을 알았고, 우리는 여전히 그리스도 밖에서 그리스도를 더 알아 가려고 애쓰고 있다는 것입니다. 이미 모든 것이 주어졌는데, 지금도 우리는 여전히 구하고 있는 것입니다.

그렇다면 제자들은 예수님께서 전하신 말씀대로 어떻게 주의 일을 행했습니까?

베드로가 이르되 애니아야 예수 그리스도께서 너를 낫게 하시니 일어나 네 자리를 정돈하라 한대 곧 일어나니 행 9:34

우리가 기도하는 곳에 가다가 점치는 귀신 들린 여종 하나를 만나니 점으로 그 주인들에게 큰 이익을 주는 자라 그가 바울과 우리를 따라와 소리 질러 이르되 이 사람들은 지극히 높은 하나님의 종으로서 구원의 길을 너희에게

전하는 자라 하며 이같이 여러 날을 하는지라 바울이 심히 괴로워하여 돌이
켜 그 귀신에게 이르되 예수 그리스도의 이름으로 내가 네게 명하노니 그에
게서 나오라 하니 귀신이 즉시 나오니라 행 16:16-18

지금 우리는 복음을 어떻게 전하고 있습니까? 안타깝게도 2천 년
전 초대 교회 때와는 정반대로 복음을 전하고 있습니다. 하나님나
라의 도래와 그에 따르는 삶을 증거하지는 않고 단지 예수 그리스
도만을 전하고 있습니다. 예수 그리스도를 전하는 것이 잘못된 것일
까요? 결코 그렇지 않습니다. 그러나 자신도 누리지 못하는 복음을
다른 사람에게 전할 때 누가 그 복음을 받아들일 수 있겠습니까?

우리는 지금도 살아 계셔서 우리와 함께하시며 하나님나라의 삶
을 살게 하시는 예수 그리스도의 실체를 보여주는 대신 우리의 이성
으로 이해하는 역사적 예수 그리스도에 대해서 가르치며 배우고 있
습니다. 결국 이러한 복음 전도는 현재적 하나님나라의 삶에 대한
실체 없이, 기독교를 단지 "예수 천당 불신 지옥"이라는 내세적 종교
로 변질되게 만들었습니다.

그럼 왜 이런 일이 일어나게 되었을까요? 첫째, 성령 하나님을 체
험하지 못했기 때문입니다. 그 말은 우리 안에 성령님이 계시지 않다
는 말이 아니라 그 성령님께서 우리의 거짓 자아와 육체를 통치하시
는 것을 경험하지 못했다는 뜻입니다. 지금까지 성령 충만한 삶을
이야기할 때 우리는 그것을 성령님의 능력과 은사에만 국한하는 경

향이 있었습니다. 그러나 그것은 인간이 만든 것이지 성경은 결코 그렇게 말씀하지 않습니다. 능력과 은사보다 앞서는 성령님의 주된 임무는 바로 우리로 하여금 예수 그리스도가 나타나시는 삶을 살게 하는 일입니다.

둘째, 진정한 구원의 의미, 자신이 누구인지 알지 못하기 때문입니다. 구원받기 전에는 삶의 주체가 자신인 반면, 구원받은 후에는 예수 그리스도 안에 있는 새로운 피조물인 영적 존재입니다. 그런데 안타깝게도 오늘날 대부분의 그리스도인들은 구원 전과 구원 후의 '나'에 차이가 없습니다. 우리가 구원을 받았다면 중생(重生)이 있어야 하고, 그 말은 우리 자신에게 태생적, 본질적 변화가 있어야 한다는 말입니다. 그런데 대부분은 그저 옛날에는 부처 믿고 절에 갔지만 지금은 예수 믿고 교회에 다닐 뿐입니다. 뚜렷한 행동의 변화가 있더라도 본질적인 변화를 경험해보지 못했다면 삶의 주체는 여전히 자신일 뿐입니다. 이것은 우리의 겉사람이 여전히 육적 생각으로 세상나라에서 하나님을 믿고 있다는 것입니다.

셋째, 두 번째의 결과로써 우리가 주의 말씀을 믿지만 관계와 체험으로 나아가지 못하고 있기 때문입니다. 즉 복음을 받아들이기 위해서는 자신이 말씀을 믿어야 하지만, 우리가 구원을 받은 후 예수 그리스도 안에서 새로운 피조물이 되었다면 내가 주의 말씀을 믿는 신앙에서 예수 그리스도 안에서 하나님과의 친밀한 생명적 관계가 나타나야 합니다. 또한 자신이 말씀을 믿는 신앙에서 그 말씀이신 하나님이 자신의 삶에 체험되는 신앙으로 나아가야 합니다. 예를 들어 당신이 지금 질병 가운데 있다면 주님께서 약속하신 주의 말씀을 찾아 믿는 것이 중요한 것이 아니라 그 약속된 말씀이 당신의 삶속에 실현되는 것을 경험해야 한다는 것입니다. 주의 살아 있는 말씀이 체험되는 것은 삶의 주체가 자신이 아닌 오직 예수 그리스도일 때만 가능합니다.

질문&토론

1. 사복음서의 베드로와 사도행전의 베드로의 차이는 무엇 때문입니까?

   ● 사복음서에서 인간적인 생각으로 주님을 믿었던 베드로를 생각해보십시
     오. (마 26:31-35 ; 마 26:69-75 ; 요 13:4-10 ; 요 21:15-17 ; 요 21:20-22 ; 행 1:6)

   ● 약속하신 오순절 날 성령강림을 체험한 베드로의 삶을 생각해보십시오.
     (행 2:14-42 ; 행 3:6 ; 벧전 1:8,9)

2. 사도행전은 단지 성령행전입니까?

   ● 사도행전은 예수님께서 공생애 기간 그리고 부활과 승천 사이의 40일
     동안 제자들에게 하신 말씀과 약속이 성취되는 내용을 담고 있습니다.
     사도행전은 예수님께서 말씀하신 마가복음 9장 1절과 요한복음 16장
     23,24절 말씀이 이루어지는 내용을 담고 있으며, 성령 안에서 예수 그리
     스도의 이름 행전임을 알 수 있습니다.

3. 초대 교회의 복음 전파와 현재의 복음 전파는 어떻게 다릅니까?

● 초대 교회 당시에는 먼저 하나님나라의 일을 보여주고, 그 일을 행하신 주 예수 그리스도에 대해서 가르쳤습니다. 그런데 지금은 예수 그리스도에 대해서는 가르치지만 하나님나라의 일을 보여주지 못하고 있습니다. (행 28:31)

● 사도행전 8장 12절에 빌립이 전한 "하나님나라와 예수 그리스도의 이름"의 복음처럼 당신 자신의 입술로 복음을 전해보십시오.

● 지금은 왜 초대 교회처럼 복음을 전하지 않습니까? 무엇이 문제라고 생각하십니까?

chapter 4

진정한 구원이란 무엇인가?

하나님나라에서
예수 그리스도의 이름으로
사는 자

1
구원받은 하나님 자녀의
영적 본질과 혼적 마음을 이해하라

지금까지 전해진 대부분의 복음이 죄인인 인간이 어떻게 하면 죄 사함을 얻고 구원을 받아 사후 영생을 누릴 수 있는가에 초점이 맞춰져 있었다면, 하나님나라의 복음은 구원을 통해 다시 얻은 영생, 즉 믿는 자 안에 있는 하나님의 생명이 어떻게 겉사람을 뚫고 나타나는 가에 대해 말하고 있습니다. 지금까지 우리는 전자의 구원 복음에만 치중해왔고, 후자의 하나님나라 복음은 등한시해왔습니다.

초대 교회는 하나님의 나라와 예수 그리스도를 함께 전파했습니다. 그런데 오늘날의 교회는 예수 그리스도에 대해서는 열심히 전하지만, 오직 예수 그리스도를 통해서만 누리는 하나님나라의 삶은 보여주지 못하고 있는 것이 현실입니다. 정작 자신의 삶 가운데서도 하나님나라의 복음을 경험하지 못하면서 어떻게 다른 사람에게 하나님나라의 복음을 전할 수 있겠습니까?

그렇다면 우리는 왜 하나님나라의 삶을 보여주지 못하는 것일까요? 이것은 우리가 현재적 하나님나라의 속성과 그에 따른 우리의 본질과 삶을 제대로 알지 못하기 때문입니다. 현재적 하나님나라의 속성에 대해서는 《너희는 이렇게 기도하라》(규장, 2017)에서 자세히 설명했기 때문에 여기서는 우리의 본질과 삶에 대해서 좀 더 깊이 생각해보고자 합니다.

흔히 우리는 우리가 구원받았다는 것을 예수 그리스도를 믿었다는 것으로 대체합니다. 그러나 구원받았다는 진정한 의미는 한 번 죽었다가 다시 태어났다는 중생을 의미합니다. 우리가 예수 그리스도를 주(主)로 받아들일 때 새롭게 태어났다는 것입니다. 이 탄생은 하나님의 영으로 다시 태어난다는 뜻으로, 우리의 육신이 바뀌는 것이 아니라 우리의 본질이 바뀐 것을 뜻합니다. 다른 말로 우리의 존재가 새롭게 되었다는 것입니다.

육으로 난 것은 육이요 영으로 난 것은 영이니 내가 네게 거듭나야 하겠다 하는 말을 놀랍게 여기지 말라 요 3:6,7

이 구절의 "내가 네게 거듭나야 하겠다"라는 부분을 여러 영어성경에서는 "born again", "born anew", "born from above", 또는 "have a second birth"라고 번역하고 있습니다.

바람이 임의로 불매 네가 그 소리는 들어도 어디서 와서 어디로 가는지 알지 못하나니 성령으로 난 사람도 다 그러하니라 요 3:8

"성령으로 났다"라는 표현도 영어로는 "born of the Spirit"이라고 되어 있습니다. 종합해보면 중생했다는 의미는 위로부터 새롭게 태어난 것이며, 새로운 생명, 즉 성령으로 다시 태어났다는 뜻이 됩니다. 하나님의 은혜로 말미암아 중생을 경험한 사람은 예수 그리스도 안에서 새로운 피조물이 되는데, 이때 단순한 신분상의 변화가 아닌 존재론적이고 본질적인 변화를 경험하게 됩니다.

영접하는 자 곧 그 이름을 믿는 자들에게는 하나님의 자녀가 되는 권세를 주셨으니 요 1:12

예수께서 대답하시되 진실로 진실로 네게 이르노니 사람이 물과 성령으로 나지 아니하면 하나님의 나라에 들어갈 수 없느니라 육으로 난 것은 육이요 영으로 난 것은 영이니 요 3:5,6

너희는 하나님으로부터 나서 그리스도 예수 안에 있고 예수는 하나님으로부터 나와서 우리에게 지혜와 의로움과 거룩함과 구원함이 되셨으니 고전 1:30

그런즉 누구든지 그리스도 안에 있으면 새로운 피조물이라 이전 것은 지나갔으니 보라 새 것이 되었도다 고후 5:17

그런데 그리스도 안에 있으면 '새로운 피조물'이라는 것을 제대로 이해하지 못하면, 일평생 거짓 자아(자신의 마음과 육신을 자기라고 속이는)에 속아 살 수밖에 없습니다. 인간이 타락한 후에 비록 하나님의 영이 떠났지만 그렇다고 해서 인간의 영이 사라진 것은 아닙니다. 인간은 여전히 영적 존재였습니다. 그러나 타락 전에는 하나님의 영광을 나타내는 존재였으나 타락 후 인간의 영은 마귀의 영에 사로잡혀 죄성을 나타내는 타락한 존재가 되고 말았습니다. 그 결과 인간의 기억은 마귀의 본질에서 나오는 더럽고 추한 것들로 가득 차버리게 되었고, 마음은 마귀의 사고방식으로 프로그램화되었습니다.

그러나 예수 그리스도를 믿음으로 거듭났다는 것은 죄 사함으로 인하여 죄성(옛 본성)이 사라지고 하나님의 영에 의해서 새 본성이 탄생되었다는 것입니다. 성경에는 옛 본성에 기초한 사람을 옛 사람이라고 부르며, 새 본성에 기초한 사람을 새 사람이라고 부릅니다. 예수 그리스도를 믿음으로 그분 안에서 새로운 피조물이 되었다는 것은 우리가 새 사람이 되었다는 것입니다. 우리가 새 사람이 되었다는 것은 우리의 본질이 변화되었다는 것으로, 과거 죄성(옛 본성, 옛 자아)을 나타내는 영적 존재에서 하나님의 거룩한 본성을 나타내는 영적 존재로 변화되었다는 것입니다. 그렇다고 해서 우리의 기억과 마음이 변화된 것은 아닙니다. 이것을 제대로 깨닫는 것이 정말 중요합니다.

우리가 새 사람이 된 후에도 여전히 우리의 뇌와 마음에는 이미 옛 본성에 의해서 주도된 수많은 상처와 쓴 뿌리 그리고 우리의 경험과 마귀의 사고방식으로 인해 왜곡되고 변질된 프로그램들이 남아 있기 때문에 구원받은 이후 우리의 삶 속에서도 구원받기 이전과 동일한 모습들이 나타나게 됩니다.

구원받기 전 우리의 마음 상태는 어떠합니까? 우리의 마음은 마귀에 의해 혼미하게 되고, 마음에 하나님 두기를 싫어합니다. 하나님께서 그 상실한 마음을 내버려두셨습니다. 그 마음이 악한 행실의 근원이 되었습니다.

또한 그들이 마음(에피그노시스 : 지식, 인식)에 하나님 두기를 싫어하매 **하나님께서 그들을 그 상실한 마음**(누스 : 이성, 사고, 표면의식)**대로 내버려 두사 합당하지 못한 일을 하게 하셨으니** 롬 1:28

그중에 이 세상의 신이 믿지 아니하는 자들의 마음(노에마 : 생각, 사상, 계획)**을 혼미하게 하여 그리스도의 영광의 복음의 광채가 비치지 못하게 함이니 그리스도는 하나님의 형상이니라** 고후 4:4

전에 악한 행실로 멀리 떠나 마음(디아노이아 : 생각, 이해력)**으로 원수가 되었던 너희를** 골 1:21

그렇다면 구원받은 후의 마음 상태는 어떠합니까? 본질이 변화되었는데도 마음은 여전히 구습을 좇고 있는 것을 볼 수 있습니다.

그러므로 내가 이것을 말하며 주 안에서 증언하노니 이제부터 너희는 이방인이 그 마음(누스 : 표면의식으로 이해할 수 있음)의 허망한 것으로 행함 같이 행하지 말라 그들의 총명이 어두워지고 그들 가운데 있는 무지함과 그들의 마음(카르디아 : 잠재의식으로 이해할 수 있음)이 굳어짐으로 말미암아 하나님의 생명에서 떠나 있도다 엡 4:17,18

내 속 곧 내 육신에 선한 것이 거하지 아니하는 줄을 아노니 원함은 내게 있으나 선을 행하는 것은 없노라 내가 원하는 바 선은 행하지 아니하고 도리어 원하지 아니하는 바 악을 행하는도다 롬 7:18,19

마귀는 거짓의 아비입니다. 마귀는 자신을 감추고 우리를 자신의 통치 아래 가두기 위해서 인간이 타락한 후 그 마음이 바로 우리 자신이라고 믿게 하였습니다. 생각해보십시오. 지금 당신을 당신이라고 부르는 자아는 무엇입니까? 그것은 바로 당신의 육신과 마음의 생각과 감정과 의지입니다. 그렇게 생각하게 하는 것이 거짓 자아입니다. 우리는 우리의 오감(五感)을 통하여 우리의 마음과 뇌 기억에 저장된 경험과 지식에 기초해서 살며, 외부 환경의 영향을 받는 존재로 자신을 규정하며 살아가고 있습니다. 이런 삶을 가리켜 성경에서는 육신대로 사는 삶이라고 합니다.

너희가 육신대로 살면 반드시 죽을 것이로되 영으로써 몸의 행실을 죽이면

2
구원받았는데도
왜 원하는 대로 살지 못하는가?

우리가 예수 그리스도를 믿고 새 사람이 되었다는 것을 믿으며 하나님의 말씀대로 살려고 애쓰는데도 우리는 왜 원하는 대로 살지 못하고 원치 않는 삶을 살게 되는 것일까요? 이 문제는 모든 믿는 자들이 진정한 하나님의 자녀가 되기 위해서 반드시 해결받아야만 하는 문제입니다.

이 문제는 오늘날의 뇌 과학과 더불어 우리의 마음을 정신의학에서 말하는 표면의식과 잠재의식으로 나누어서 생각해보면 훨씬 이해하기 쉬울 것입니다. 우리는 우리의 표면의식으로 주의 말씀을 듣고 지키고 행하고자 합니다. 그러나 실제로 우리 가운데 나타나는 삶은 그렇지 못하다는 것을 경험하고 있습니다. 왜냐하면 우리의 삶과 행동을 결정짓는 것은 표면의식의 판단이나 의지력이 아니라 우리의 잠재의식 내 자리 잡은 수많은 프로그램과 과거의 경험들로 형성된 뇌 기억에 대한 반응, 즉 습관이기 때문입니다.

이것이 바로 사도 바울이 로마서 7장에서 고백한 내용입니다.

> 만일 내가 원하지 아니하는 그것을 하면 이를 행하는 자는 내가 아니요 내 속에 거하는 죄니라 그러므로 내가 한 법을 깨달았노니 곧 선을 행하기 원하는 나에게 악이 함께 있는 것이로다 내 속사람으로는 하나님의 법을 즐거워하되 내 지체 속에서 한 다른 법이 내 마음의 법과 싸워 내 지체 속에 있는 죄의 법으로 나를 사로잡는 것을 보는도다 오호라 나는 곤고한 사람이로다 이 사망의 몸에서 누가 나를 건져내랴 롬 7:20-24

이 구절에서 '내 마음의 법'이란 주의 말씀이 우리의 표면의식, 즉 이성에 적용되는 것을 말합니다. 다른 말로 우리는 우리의 생각으로 주의 말씀을 지키고자 하지만 그럼에도 불구하고 '내 지체 속에 있는 죄의 법'이 우리 자신을 사로잡는 것을 본다고 말합니다. 지체(헬라어, 멜로스)라는 말은 몸의 일부를 나타내는 말로, 뇌의 기억 또는 잠재의식 내 프로그램 되어 있는 시스템을 말합니다. 죄의 법이 어디에 있습니까? 바로 이전에 마귀의 본성과 자신의 경험에 의해 만들어진 수많은 죄의 법들이 자신의 잠재의식 내에 프로그램 되어 있는 것입니다(물론 잠재의식 내 프로그램 된 것은 우리 뇌와 함께 작동합니다).

우리의 매일 삶에 나타나는 결과는 우리의 표면의식으로 만들어지는 것이 아니라 자신의 욕구를 채우고자 어릴 때부터 의도하지 않았지만 무의식적으로 프로그램 된 잠재의식과 기억에 의해 만들어집니다. 자신의 표면의식으로 하나님의 법을 지키고자 그렇게 애썼지만 삶을 변화시키지 못한 사도 바울의 심정을 생각해보십시오. 오죽했으면 "오호라 나는 곤고한 사람이로다 이 사망의 몸에서 누가 나를 건져내랴"라고 고백했을까요? 온전한 삶을 살고자 하는 갈망의 깊이만큼이나 그렇게 살지 못하는 자신에 대한 깊은 정죄감을 느낄 수 있습니다. 이것은 단지 사도 바울이 겪었던 문제일 뿐만 아니라 오늘날 그리스도인이라면 누구나 직면하게 되는 문제이기도 합니다.

로마서 7장 22절에서 사도 바울은 "내 속사람으로는 하나님의 법을 즐거워하되"라고 합니다. 그 말은 자신 안에 성령으로 인한 속사람이 있음을 알고 있다는 것입니다. 속사람이란 무엇을 의미하는 것일까요? 그것은 바로 예수 그리스도 안에서 하나님의 영으로 탄생한 새로운 본성을 말합니다. 그렇다면 구원받은 사람들이 자신 안에 속사람이 있음을 어떻게 알 수 있을까요? 가장 쉬운 방법은 양심의 변화를 살펴보는 것입니다. 예를 들면 하나님을 믿기 전에는 아무런 가책이나 거리낌이 없던 일이나 생각도 하나님을 믿은 후에는 다시 그 일이나 생각을 하게 될 때 내가 의도하지 않은 내면의 소리를 듣게 됩니다. 그것이 바로 하나님의 기준에 의한 양심의 판단입니다.

자기 양심이 화인을 맞아서 외식함으로 거짓말하는 자들이라 딤전 4:2

깨끗한 자들에게는 모든 것이 깨끗하나 더럽고 믿지 아니하는 자들에게는 아무것도 깨끗한 것이 없고 오직 그들의 마음(누스)과 양심이 더러운지라

딛 1:15

우리가 마음(카르디아)에 뿌림을 받아 악한 양심(쉬네이데시스)으로부터 벗어나고 몸은 맑은 물로 씻음을 받았으니 참 마음(카르디아)과 온전한 믿음으로 하나님께 나아가자 (Let us go right into the presence of God with sincere hearts fully trusting him. For our guilty consciences have been sprinkled with Christ's blood to make us clean, and our bodies have been washed with pure water, NLT) 히 10:22

이 말씀은 예수 그리스도의 피로 말미암아 우리가 새로운 양심을 가졌으니(하나님의 생명 안에 거하는 새로운 영적 자아가 영혼을 깨우치는 역할)참 마음과 온전한 믿음으로 하나님께 나아갈 수 있게 되었음을 말하고 있습니다. 한편 속사람에 대한 다른 성경 구절들을 살펴보면, 속사람은 성령에 의해서 강건해지며 속사람이 강건해지는 만큼 겉사람은 점점 더 후패한다고 말씀합니다.

그의 영광의 풍성함을 따라 그의 성령으로 말미암아 너희 속사람을 능력으로 강건하게 하시오며 엡 3:16

> 그러므로 우리가 낙심하지 아니하노니 우리의 겉사람은 낡아지나 우리의 속
> 사람은 날로 새로워지도다 고후 4:16

그렇다면 겉사람은 무엇을 의미합니까? 이미 언급한 대로 자신의 마음과 육신을 자기라고 믿게 하는 거짓 자아를 말합니다. 본래 타락 전 하나님의 자녀는 하나님의 생명 안에서 영적인 존재였으나 타락한 후 마귀에게 속아 바로 이 겉사람(거짓 자아)이 자신이라고 믿게 된 것입니다. 심리학에서는 이 거짓 자아를 에고(ego)라고 부릅니다. 거짓 자아는 그야말로 "하나님을 몰아내는"(edging God out) 시스템 또는 "오직 지상에서만 인도하는"(earth guide only) 시스템입니다. 한마디로 하나님으로부터 분리된 의식체계입니다.

앞서 언급한 바와 같이 구원받은 우리는 영적으로 새로운 피조물이 되었지만 그렇다고 해서 우리의 거짓 자아가 사라진 것은 아닙니다. 일평생 이 거짓 자아가 자신이라고 믿고 살아왔기 때문에 이것을 포기하는 것은 곧 자신의 죽음이라고 생각하고 두려워합니다.

> 또 죽기를 무서워하므로 한평생 매여 종 노릇 하는 모든 자들을 놓아 주려
> 하심이니 히 2:15

이는 성령님으로 말미암아 자신의 존재가 누구인지 깨닫기 전의 사도 바울도 마찬가지였습니다. 사도 바울의 로마서 7장 25절의 고

백을 통해서 우리는 그가 놀라운 진리를 깨달았다는 것을 알 수 있습니다.

ⓐ 우리 주 예수 그리스도로 말미암아 하나님께 감사하리로다 ⓑ 그런즉 내 자신이 마음으로는 하나님의 법을 육신으로는 죄의 법을 섬기노라 롬 7:25

아이러니한 사실은 바울이 ⓑ 자신은 여전히 마음으로는 하나님의 법을, 육신(뇌 기억과 잠재의식 내 프로그램 된 습관)으로는 죄의 법을 섬기는데도, ⓐ 예수 그리스도로 말미암아 하나님께 감사한다고 말한다는 것입니다. 어떻게 이것이 가능하다는 말입니까? 왜 그럴까요? 그것은 바로 자신의 마음 즉 거짓 자아가 자신의 본질(진정한 자아)이 아니라는 사실을 깨달았기 때문입니다. 로마서 8장 2절 이하의 말씀을 통해서 이 사실을 확인할 수 있습니다.

이는 그리스도 예수 안에 있는 생명의 성령의 법이 죄와 사망의 법에서 너를 해방하였음이라… 육신을 따르는 자는 육신의 일을, 영을 따르는 자는 영의 일을 생각하나니 육신의 생각은 사망이요 영의 생각은 생명과 평안이니라 롬 8:2,5,6

또 그리스도께서 너희 안에 계시면 몸은 죄로 말미암아 죽은 것이나 영은 의로 말미암아 살아 있는 것이니라 예수를 죽은 자 가운데서 살리신 이의 영이 너희 안에 거하시면 그리스도 예수를 죽은 자 가운데서 살리신 이가 너희 안에 거하시는 그의 영으로 말미암아 너희 죽을 몸도 살리시리라 롬 8:10,11

너희가 육신대로 살면 반드시 죽을 것이로되 영으로써 몸의 행실을 죽이면 살리니 무릇 하나님의 영으로 인도함을 받는 사람은 곧 하나님의 아들이라 롬 8:13,14

마음이 자기라고 믿게 했던 거짓 자아가 더 이상 진정한 자신의 본질이 아님을 깨닫고, 진정한 자신의 정체성은 그리스도 안에 있는 새로운 피조물로서 성령님의 인도함을 받으며 살아가는 존재라는 것을 알게 된 것입니다. 이제는 그리스도 안에 존재하는 속사람이 성령과 말씀으로 자신의 겉사람, 즉 마음을 새롭게 하는 것이 바로 하나님의 자녀의 삶이라는 것을 성령에 의해서 깨닫게 된 것입니다. 한편 "육신의 생각은 사망"(6절), "죽을 몸도"(11절), "죽을 것이로되"(13절)에서 죽는다는 의미는 일차적으로 하나님의 영의 통치함을 받지 못하는 것을 뜻하며, 그 결과 궁극적으로 사망에 이른다는 뜻입니다.

3
자기를 부인하고
자기 십자가를 지는 삶을 깨달으라

많은 그리스도인들이 구원을 받을 때 이미 새로운 영적 존재가 되었음에도 불구하고 현실적으로는 여전히 겉사람이 자신이라고 믿고 살아가고 있습니다. 이것이 바로 현재적 하나님나라에서 하나님의 자녀가 처해 있는 상황입니다. 따라서 '내가 하나님을 사랑하고 예수 그리스도를 믿는데도 왜 내 삶은 변화되지 않을까?'라는 고민으로 죽을 만큼 괴로울 때 비로소 하나님께서 열어놓으신 새로운 길을 보게 될 것입니다.

이때가 바로 '자기 의'가 '하나님의 의'로 변화되는 실제적인 시간이자(고후 5:21), 속사람이 겉사람을 뚫고 나오는 시간이고(고후 4:16), 영으로써 몸의 행실을 죽이는 것이 어떤 것인지 경험할 때이며(롬 8:13), 육의 생각이 아니라 영의 생각으로 살아가는 것이 무엇인지 알게 될 때이고(롬 8:6), 하나님의 영의 인도함을 받는 삶이 무엇인지 경험할 때입니다(롬 8:14). 보는 대로 믿는 것이 아니라 믿는 대로 행동하는 것을 경험할 때이고(고후 5:7), 자신을 통해 기름부으심이 흘러나오는 것을 경험할 때입니다(요 7:38). 할렐루야! 이것을 이해한다면 예수님께서 왜 자기를 부인하고 자기 십자가를 지라고 말씀하셨는지 깨닫게 될 것입니다.

> 이에 예수께서 제자들에게 이르시되 누구든지 나를 따라오려거든 자기를 부인하고 자기 십자가를 지고 나를 따를 것이니라 누구든지 제 목숨을 구원하고자 하면 잃을 것이요 누구든지 나를 위하여 제 목숨을 잃으면 찾으리라
>
> 마 16:24,25

여기에서 자기를 부인한다는 것은 바로 자신의 마음과 육신이 자기가 아니라는 것을 깨닫는 것을 의미하며, 자기 십자가를 진다는 것은 바로 자신의 마음에 일어나는 온갖 더럽고 추한 생각과 감정을 주님께 드린다는 의미입니다. 거짓 자아는 인간이 스스로 살아가기 위해 하나님을 떠난 분리로 인한 죄책감과 두려움, 그리고 자신이 누구인지 알지 못함으로 인한 공허함과 무가치함을 부인하기 위해 만들어진 것입니다. 따라서 우리가 자신의 내면을 정직하게 직면하게 되면 거짓 자아는 죽을 것 같은 두려움과 죄의식 그리고 불안감을 느끼게 될 것입니다. 그러나 자신 안에 계신 예수님께서 우리의 모든 죄를 대속하셨다는 사실을 알고 자신을 붙들고자 애쓰는 대신 자신을 예수님께 드리는 것이 바로 자기 십자가를 지는 것입니다.

다시 한번 강조하자면, 우리는 이 거짓 자아를 일평생 자기라고 믿었고, 자기를 잘 가꾸고 나타내기 위해서 일평생 노력해왔기 때문

에 이것을 포기하는 것은 죽음, 곧 끝이라고 생각합니다. 그래서 자기를 부인하기를 가장 두려워합니다. 마귀가 이 땅에서 우리를 도둑질하고 죽이기 위해서 노리는 것이 바로 이것입니다.

예수님께서 행하신 구원 사역의 궁극적인 목적은 단순한 죄 사함을 통한 중생뿐만 아니라 우리를 겉사람(거짓 자아)으로부터 해방시키는 것입니다. 또 여기에서 언급한 목숨은 하나님의 생명이나 우리의 영을 말하는 것이 아니라 우리의 혼, 즉 우리의 정신이나 마음을 의미합니다. 결국 거짓 자아의 정체성을 버리고 그리스도 안에 있는 새로운 피조물로서 그리스도를 나타내는 삶을 산다는 것입니다.

> 자녀들은 혈과 육에 속하였으매 그도 또한 같은 모양으로 혈과 육을 함께 지니심은 죽음을 통하여 죽음의 세력을 잡은 자 곧 마귀를 멸하시며 또 죽기를 무서워하므로 한평생 매여 종 노릇 하는 모든 자들을 놓아 주려 하심이니
>
> 히 2:14,15

왜 겉사람을 죽이는 것이 그렇게도 어려운 것일까요? 자기의 내면을 하나님의 참 빛으로 비추기를 싫어하기 때문입니다. 하도 오랫동안 동굴 안 어둠 속에서 살았기 때문에 빛이 임하면 죽을 것 같은 공포를 느끼는 것입니다. 그러나 좀 더 궁극적인 이유는 참 진리가 임하면 자신을 변화시켜야 하기 때문이지요. 거짓 자아는 하나님을 부정하기 위해 스스로 만든 것이므로 그만큼 자신을 바꾸기 싫어하

기 때문입니다.

그 정죄는 이것이니 곧 빛이 세상에 왔으되 사람들이 자기 행위가 악하므로 빛보다 어둠을 더 사랑한 것이니라 악을 행하는 자마다 빛을 미워하여 빛으로 오지 아니하나니 이는 그 행위가 드러날까 함이요 요 3:19,20

이사야의 예언이 그들에게 이루어졌으니 일렀으되 너희가 듣기는 들어도 깨닫지 못할 것이요 보기는 보아도 알지 못하리라 이 백성들의 마음이 완악하여져서 그 귀는 듣기에 둔하고 눈은 감았으니 이는 눈으로 보고 귀로 듣고 마음으로 깨달아 돌이켜 내게 고침을 받을까 두려워함이라 하였느니라 마 13:14,15

우리가 예수 그리스도를 믿음으로 새로운 피조물이 되는 것은 (구원을 받는 것은 혹은 영적인 존재가 되는 것은) 순간적으로 이루어지지만, 자녀로서 새로운 삶을 사는 것은 (구원을 이루어가는 것은 혹은 영으로써 몸의 행실을 죽이는 것은) 점진적으로 이루어집니다. 많은 사람들이 자신이 새로운 피조물이 되었기 때문에 자신의 마음도 하나님에 의해서 즉각적으로 새롭게 되어야 한다고 생각합니다. 수많은 그리스도인들이 바로 이 존재의 변화와 현실적인 삶의 변화를 구분하지 못하기 때문에 정체성의 혼돈을 갖거나 죄의식에 사로잡히고 맙니다.

구원받는 자에게 즉각적으로 일어나는 본질적인 변화에 대한 성경 말씀을 보십시오.

그가 우리를 흑암의 권세에서 건져내사 그의 사랑의 아들의 나라로 옮기셨으니 골 1:13

그런즉 누구든지 그리스도 안에 있으면 새로운 피조물이라 이전 것은 지나갔으니 보라 새 것이 되었도다 고후 5:17

그리스도 예수 안에 있는 속량으로 말미암아 하나님의 은혜로 값 없이 의롭다 하심을 얻은 자 되었느니라 롬 3:24

영접하는 자 곧 그 이름을 믿는 자들에게는 하나님의 자녀가 되는 권세를 주셨으니 요 1:12

어두운 데에 빛이 비치라 말씀하셨던 그 하나님께서 예수 그리스도의 얼굴에 있는 하나님의 영광을 아는 빛을 우리 마음에 비추셨느니라 우리가 이 보배를 질그릇에 가졌으니 이는 심히 큰 능력은 하나님께 있고 우리에게 있지 아니함을 알게 하려 함이라 고후 4:6,7

예수 그리스도를 믿고 구원을 받게 되면 우리의 삶이 갑자기 온전해지는 것이 아니라 그때부터 새로운 삶이 시작되는 것입니다. 그것은 예수 그리스도 안에 있는 새로운 피조물로서, 즉 속사람이 자신인 것을 알고 매일매일 자신의 겉사람을 죽이는 일을 평생 지속해나가는 것입니다. 새롭게 태어난 영적 어린아이가 예수 그리스도 안에서 성령님을 통해서 아버지로부터 배우며 성장해나가는 것이지요. 이것을 '성화' 즉 "구원을 이루어가는 삶"이라고 합니다.

그러므로 나의 사랑하는 자들아 너희가 나 있을 때뿐 아니라 더욱 지금 나 없을 때에도 항상 복종하여 두렵고 떨림으로 너희 구원을 이루라 빌 2:12

믿음의 결국 곧 영혼의 구원을 받음이라 벧전 1:9

우리는 본질적인 변화에 대한 말씀을 삶의 변화에 대한 말씀과 혼동하지 말아야 합니다. 그렇지 않으면 우리는 '하나님께서 이 약속의 말씀을 주셨고, 이미 이루어졌다고 말씀하셨는데 왜 내 삶은 변화가 없을까? 수많은 주의 약속은 왜 이루어지지 않는가? 왜 그 약속들이 요원하게만 느껴지는가? 도대체 얼마나 더 헌신하고 노력해야 그 약속이 이루어지는가? 모든 주의 약속은 우리가 죽고 난 다음 천국에서나 이루어지는 것인가?' 등의 생각을 가질 수밖에 없게 됩니다.

그렇다면 위대한 하나님의 사람 사도 바울조차 자신이 누구인지 깨달은 다음에도 왜 "나는 날마다 죽노라"라고 말했는지 생각해보십시오. 속사람이 겉사람을 뚫고 나타나는 것은 일평생 동안 이루어져야 할 점진적인 과정입니다.

> 형제들아 내가 그리스도 예수 우리 주 안에서 가진 바 너희에 대한 나의 자랑을 두고 단언하노니 나는 날마다 죽노라 고전 15:31

> 우리 살아 있는 자가 항상 예수를 위하여 죽음에 넘겨짐은 예수의 생명이 또한 우리 죽을 육체에 나타나게 하려 함이라 고후 4:11

4
속사람이 겉사람을 뚫고 나타나야 하는 궁극적인 이유는 무엇일까?

성경에서는 속사람이 겉사람을 뚫고 나오는 것을 "마음을 새롭게 함으로 변화를 받아"(롬 12:2) 또는 "심령이 새롭게 되어"(엡 4:23)라고 합니다. 먼저 로마서 말씀입니다.

> 너희는 이 세대를 본받지 말고 오직 마음을 새롭게 함으로 변화를 받아 하나

그러면 어떻게 실제 삶에서 이 세대를 본받지 않고 마음을 새롭게 할 수 있을까요? 그런데 이 문제의 핵심은 '어떻게'(how)에 있는 것이 아니라 '누가'(who)에 있다는 사실을 알아야 합니다. 마음을 새롭게 하는 주체가 누구냐에 대한 것입니다. 만약 '내가'라고 생각한다면 당신은 다시 거짓 자아(겉사람)의 속임에 놀아나게 됩니다. 우리는 스스로 우리 자신을 변화시킬 수 없다는 진리를 붙들기 위해서 죽기까지 싸워야 합니다. 겉사람은 부인하고 십자가에 못 박아야 할 대상이지 고쳐서 새롭게 할 대상이 아니기 때문입니다.

마음을 새롭게 하는 주체는 결코 지금의 나(겉사람)일 수 없으며, '속사람', '새 생명 안에 탄생한 새로운 자아', '그리스도 안에 있는 나'만이 성령 안에서 말씀으로 우리의 겉사람(거짓 자아)을 죽일 수 있습니다. 우리는 이 사실을 에베소서에서 볼 수 있습니다.

너희는 유혹의 욕심을 따라 썩어져 가는 구습을 따르는 옛 사람을 벗어 버리고 오직 너희의 심령이 새롭게 되어 하나님을 따라 의와 진리의 거룩함으로 지으심을 받은 새 사람을 입으라 엡 4:22-24

23절 "오직 너희의 심령이 새롭게 되어"는 영어성경으로 "Instead, let the Spirit renew your thoughts and attitudes"(NLT)입니다.

그러니까 우리의 마음을 새롭게 하는 것은 성령님이시지 결코 거짓 자아인 혼적인 '나'일 수 없다는 것입니다. 그러나 안타깝게도 거짓 자아가 세상적인 방법으로 매일 새롭게 되고자 애쓰고 있습니다. 이 것이 바로 자신이 만든 고통의 근원이며, 마귀에게 문을 열어주는 통로이며, 하나님에 대해 품는 죄책감과 의구심의 근원이기도 합니다.

하나님께서 예수 그리스도를 통하여 우리를 구원하신 궁극적인 목적은 단순한 죄 사함이 아니라 이 땅에 도래한 하나님나라에서 하나님의 자녀로서 주의 유업을 이어가는 삶을 살도록 하는 것입니다. 그 일을 위해서 하나님께서는 우리가 거듭났을 때부터 한 번도 포기하지 않으시고 실망하지도 않으시고, 우리의 연약함과 죄를 끝없이 용서하시며, 끝까지 기다리시며 성령으로 돕고 계십니다. 우리가 어려움에 처할 때도 그 환경을 허용하시는 것은 바로 우리의 속사람이 겉사람을 뚫고 나와 하나님의 영광이 드러나도록 하는 것을 배우도록 하기 위해서입니다.

하나님께서는 왜 그렇게 하실까요? 이것은 하나님께서 우리를 창조하신 목적과 관련되어 있습니다. 즉 하나님께서는 처음 우리를 지으신 목적대로 하나님의 형상을 나타내는 자가 되기를 원하시기 때문입니다.

하나님이 자기 형상 곧 하나님의 형상대로 사람을 창조하시되 **남자와 여자를 창조하시고** 창 1:27

그 중에 이 세상의 신이 믿지 아니하는 자들의 마음을 혼미하게 하여 그리스
도의 영광의 복음의 광채가 비치지 못하게 함이니 그리스도는 하나님의 형상
이니라 고후 4:4

하나님이 미리 아신 자들을 또한 그 아들의 형상을 본받게 하기 위하여 미리
정하셨으니 이는 그로 많은 형제 중에서 맏아들이 되게 하려 하심이니라
롬 8:29

우리가 다 수건을 벗은 얼굴로 거울을 보는 것같이 주의 영광을 보매 그와
같은 형상으로 변화하여 영광에서 영광에 이르니 곧 주의 영으로 말미암음이
니라 고후 3:18

새 사람을 입었으니 이는 자기를 창조하신 이의 형상을 따라 지식에까지 새
롭게 하심을 입은 자니라 골 3:10

결국 하나님께서 위임하신 왕권을 예수 그리스도 안에 있는 자녀
들이(예수 그리스도의 몸 된 교회가) 회복하고, 하나님의 유업을 이어
가도록 하기 위해서입니다. 그것이 바로 "그들로 다스리게 하자"고
하신 뜻이기도 합니다(창 1:26). 하나님께서는 지금도 창조 때 의도
하신 계획대로 하나님의 자녀인 우리를 하나님의 형상대로 회복시키
시고 우리를 통하여 그의 뜻을 이루어가기 원하십니다.

우리는 새로운 삶을 살아야 합니다. 더 이상 신자의 삶이 아니라 자녀의 삶을 살아야 합니다. 그리고 자신의 행복을 추구하는 삶이 아니라 하나님의 형상을 나타내는 삶을 살아야 합니다. 예수 그리스도 안에서 성령님을 통하여 하나님의 자녀의 정체성을 체험한 자가 예수 그리스도의 대위임령에 따른 제자의 삶을 통해 뜻이 하늘에서 이루어진 것같이 땅에서 이루어지도록 하는 킹덤 빌더(kingdom builder)가 되어야 합니다.

질문&토론

1. 구원받았다는 것은 무엇을 뜻합니까?

- 예수 그리스도를 믿는다는 뜻이 아니라 예수 그리스도의 죽으심과 부활 하심에 연합함으로써 새로운 존재가 되었다는 것입니다.
  (롬 6:4,5 ; 고후 5:17)

- 중생(거듭남)은 하나님의 영으로 새롭게 태어나 더 이상 육적 존재가 아 닌 영적 존재가 되었다는 것입니다. (요 3:5-7)

- 예수 그리스도 안에서 하나님의 의가 되었다는 것입니다.
  (고후 5:21 ; 롬 6:7)

2. 당신은 옛 사람과 새 사람, 속사람과 겉사람, 거짓 자아를 어떻게 이해하고 있 습니까?

- 옛 본성(죄성)에 기초한 사람을 옛 사람이라고 부르는 반면, 하나님의 생 명에 의해 만들어진 새로운 본성에 기초한 사람을 새 사람이라고 부릅니 다. (엡 4:22-24)

- 구원받은 자는 새 사람이 되었지만 그에게는 여전히 자신의 마음이 자기 라고 믿는 거짓 자아(또는 에고)가 존재합니다. 따라서 거짓 자아를 겉사 람이라고 부르는 반면, 하나님의 생명으로 인한 새로운 본성을 속사람 이라고 부릅니다. (고후 4:16)

3. 우리가 구원받고 새 사람이 되었는데도 우리의 삶이 변화되지 않는 이유는 무엇입니까?

- 로마서 7장 20-25절 말씀을 통해 사도 바울의 깨달음을 자신의 말로 설명해보십시오.

- 우리가 구원받았을 때 우리의 본질은 순간적으로 변화되지만, 우리의 혼과 육의 변화는 점진적으로 변화됩니다. (롬 8:10,11 ; 롬 12:2)

- 수많은 그리스도인들이 여전히 거짓 자아를 자기라고 믿으며 신앙생활을 통해 스스로 자신을 변화시키고자 노력하고 있습니다. (마 16:24,25)

- 이제 우리는 그리스도 안에서 새로운 영적 존재로서 더 이상 육의 생각을 하지 말고, 영의 생각을 통해 매일 우리의 마음과 육신을 새롭게 하는 삶을 살아야 합니다. (롬 8:5-11)

4. 하나님께서 예수 그리스도를 통하여 우리를 구원하신 궁극적인 목적은 무엇입니까?

- 단순히 구원받기 위해서가 아니라 구원을 이루어가도록 하기 위해서입니다. (빌 2:12 ; 벧전 1:9)

- 예수 그리스도 안에서 하나님의 형상을 나타내도록 하기 위해서입니다. (창 1:27 ; 고후 3:18 ; 골 3:10)

- 하나님께서 인간을 창조하실 때 주셨던 위임된 왕권을 회복하여 이 땅에 주의 영광을 드러내는 것입니다. (벧전 2:9)

- 우리를 천국에 데려가기 위함이 아니라 이 땅에 하나님나라를 이루도록 하기 위해서입니다. (롬 6:4 ; 엡 2:10 ; 딛 2:14)

chapter 5

구원받은 자녀의
새로운 사고방식

하나님나라에서
예수 그리스도의 이름으로
사는 자

1
하나님나라로 들어가
그 나라를 이루어가라

많은 사람들이 예수 그리스도를 믿는 것과 하나님나라를 이루는 것이 어떤 관계인지를 알지 못합니다. 즉, 복음은 예수 그리스도를 믿고 죄 사함을 받는 것이고, 하나님나라는 죽은 다음에 가는 천당 정도로 생각하고 있습니다. 또한 하나님나라는 예수님께서 재림하실 때 이루어진다거나 신학자들이 풀어야 할 난제처럼 여겨 우리는 교회에서 신앙생활을 열심히 하면 된다는 식으로 생각하고 있습니다.

그러나 예수님께서는 하나님나라의 복음을 전하실 때 결코 그렇게 말씀하지 않으셨습니다. 예수 그리스도를 믿는 자들은 하나님나라의 비밀을 깨닫고 그 나라로 들어올 수 있지만, 예수님을 배척하는 자는 그 비밀을 깨닫지 못하게 하셔서 죄 사함을 얻지 못하게 하신다고 말씀하셨습니다.

예수께서 홀로 계실 때에 함께한 사람들이 열두 제자와 더불어 그 비유들에 대하여 물으니 이르시되 하나님나라의 비밀을 너희에게는 주었으나 외인에게는 모든 것을 비유로 하나니 이는 그들로 보기는 보아도 알지 못하며 듣기

는 들어도 깨닫지 못하게 하여 돌이켜 죄 사함을 얻지 못하게 하려 함이라

하시고 막 4:10-12

그리고 예수님을 배척하고 하나님나라를 알지 못하는 종교 지도자들을 신랄하게 꾸짖으셨습니다.

화 있을진저 외식하는 서기관들과 바리새인들이여 너희는 천국 문을 사람들 앞에서 닫고 너희도 들어가지 않고 들어가려 하는 자도 들어가지 못하게 하는도다 마 23:13

그렇다면 예수님께서 말씀하신 그 나라와 의를 구하기 위해서는 어떻게 해야 합니까? 그것을 알기 위해서 우리는 세 가지 질문에 대해서 예수님께서 어떤 답을 주셨는지 알아야 합니다.

첫째, 우리는 어떻게 하나님나라에 들어갈 수 있는가?

예수님은 니고데모가 예수님을 찾아왔을 때 이 질문에 대한 답을 주셨습니다.

예수께서 대답하여 이르시되 진실로 진실로 네게 이르노니 사람이 거듭나지 아니하면 하나님의 나라를 볼 수 없느니라 요 3:3

예수께서 대답하시되 진실로 진실로 네게 이르노니 사람이 물과 성령으로 나지 아니하면 하나님의 나라에 들어갈 수 없느니라 요 3:5

이 말씀을 통하여 하나님나라는 예수 그리스도를 믿고 거듭날 때 들어갈 수 있으며, 거듭난다는 것은 회개에 따른 결과로 죄사함을 받고 위로부터 임하신 성령으로 새롭게 태어나는 것임을 알 수 있습니다. 다시 한번 강조하면 예수 그리스도를 믿고 죄 사함을 받으며 성령을 통하여 하나님의 생명이 임하시지 않고는 하나님나라로 들어갈 수 없다는 것입니다.

둘째, 그 하나님나라는 도대체 어디에 있는가?

우리는 하나님나라를 생각하면 마치 뜬구름을 잡는 느낌을 갖게 되지만, 예수님께서는 하나님의 나라, 즉 하나님의 통치는 우리 마음 안에서 이루어진다고 말씀하셨습니다.

하나님의 나라는 볼 수 있게 임하는 것이 아니요 또 여기 있다 저기 있다고도 못하리니 하나님의 나라는 너희 안에 있느니라 눅 17:20,21

또 이르시되 하나님의 나라는 사람이 씨를 땅에 뿌림과 같으니 막 4:26

뿌리는 자는 말씀을 뿌리는 것이라 막 4:14

그리고 하나님나라를 이룰 수 있는 마음과 그렇지 못한 마음에 대해서 가르치셨습니다.

이에 예수께서 여러 가지를 비유로 가르치시니 그 가르치시는 중에 그들에게 이르시되 들으라 씨를 뿌리는 자가 뿌리러 나가서 뿌릴새 더러는 길 가에 떨어지매 새들이 와서 먹어 버렸고 더러는 흙이 얕은 돌밭에 떨어지매 흙이 깊지 아니하므로 곧 싹이 나오나 해가 돋은 후에 타서 뿌리가 없으므로 말랐고 더러는 가시떨기에 떨어지매 가시가 자라 기운을 막으므로 결실하지 못하였고 더러는 좋은 땅에 떨어지매 자라 무성하여 결실하였으니 삼십 배나 육십 배나 백 배가 되었느니라 하시고 또 이르시되 들을 귀 있는 자는 들으라 하시니라 막 4:2-9

셋째, 그렇다면 하나님나라는 어떻게 이루어지는가?

예수님께서는 하나님의 나라는 우리 마음에 성령의 역사로 주의 말씀이 이루어지는 것이라고 말씀하십니다. 즉 주의 생명의 말씀이 머리에 심겨지는 것이 아니라 우리 마음에 심겨질 때 성령의 역사로 그 말씀의 실체가 이 땅에 열매로 나타나는 것입니다.

그러나 내가 하나님의 성령을 힘입어 귀신을 쫓아내는 것이면 하나님의 나라가 이미 너희에게 임하였느니라 마 12:28

또 이르시되 하나님의 나라는 사람이 씨를 땅에 뿌림과 같으니 그가 밤낮 자고 깨고 하는 중에 씨가 나서 자라되 어떻게 그리 되는지를 알지 못하느니라 땅이 스스로 열매를 맺되 처음에는 싹이요 다음에는 이삭이요 그 다음에는 이삭에 충실한 곡식이라 막 4:26-28

하나님나라는 예수님께서 약속하신 보혜사 성령님이 우리의 영혼과 육신을 사로잡을 때 우리가 단지 주의 말씀을 믿는 것이 아니라 주의 말씀이 우리를 통해 이루어지는 것을 말합니다. 예수 그리스도를 믿는 자가 성령강림을 경험한 후 성령의 능력 안에서 예수 그리스도의 이름으로 이 땅에 하나님의 통치를 보여주는 사도행전을 생각해보십시오.

하나님나라는 우리가 자신의 거짓 자아와 육체를 포기하는 만큼 이 땅에 실제적으로 영향을 미치는 영적인 나라입니다(마 16:24,25). 예수 그리스도를 통하여 그 마음에 하나님나라가 이루어진 사람들이 바로 하나님나라의 새 백성으로서의 교회이며, 바로 그들의 모임을 위해서 유형적인 예배당으로 교회가 세워지는 것입니다. 예수님이 이 땅 위에 그분의 교회를 세우신 것은 바로 교회인 우리를 통해서 이 세상을 하나님나라로 만들기 위해서입니다.

내가 세상에 속하지 아니함 같이 그들도 세상에 속하지 아니하였사옵나이다
요 17:16

아버지께서 나를 세상에 보내신 것같이 나도 그들을 세상에 보내었고

요 17:18

우리는 이 일을 위해서 성령체험을 해야 하고, (주의 일을 행하기 위해 주의 권능이 나타나는) 기름부으심을 받아야 하며, 우리의 삶터에서 하나님이 주시는 거룩한 부담감에 순종하는 삶을 살아야 합니다. 그럴 때 하나님의 통치가 임하는 그 나라의 역사를 경험하게 될 것입니다. 할렐루야!

그가 우리를 대신하여 자신을 주심은 모든 불법에서 우리를 속량하시고 우리를 깨끗하게 하사 선한 일을 열심히 하는 자기 백성이 되게 하려 하심이라

딛 2:14

이 진리를 제대로 알지 못하는 사람은 자기가 열심히 하나님을 믿고 헌신하고 봉사하면 그것이 바로 하나님나라를 이루는 일이라고 생각합니다. 그러나 하나님이 원하시는 것은 '하나님을 위한 우리의 일'이 아니라 '하나님께서 친히 우리를 통하여 행하시는 일'입니다. 예수님의 말씀과 그것을 깨달은 사도 바울의 말을 다시 한번 묵상해보십시오.

내가 아버지 안에 거하고 아버지는 내 안에 계신 것을 네가 믿지 아니하느냐

내가 너희에게 이르는 말은 스스로 하는 것이 아니라 아버지께서 내 안에 계셔서 그의 일을 하시는 것이라 요 14:10

무릇 하나님의 영으로 인도함을 받는 사람은 곧 하나님의 아들이라 롬 8:14

2
하나님 나라의
사고방식(킹덤 멘탈리티)을 가져야 한다

예수님께서는 마태복음 6장을 통하여 지금까지 우리가 가지고 있던 사고방식과는 전혀 다른 삶에 대해서 알려주셨습니다.

공중의 새를 보라 심지도 않고 거두지도 않고 창고에 모아들이지도 아니하되 너희 하늘 아버지께서 기르시나니 너희는 이것들보다 귀하지 아니하냐

마 6:26

우리가 누구입니까? 하나님의 자녀가 아닙니까? 하나님께서 공중

의 새도 기르시는데 하물며 하나님의 자녀인 우리를 돌보지 않으시 겠습니까?

너희 중에 누가 염려함으로 그 키를 한 자라도 더할 수 있겠느냐 마 6:27

우리가 염려한다고 변화시킬 수 있는 것이 무엇입니까? 그런데 왜 우리는 마음으로 세상을 판단하고 세상의 영향을 받고 있습니까?

또 너희가 어찌 의복을 위하여 염려하느냐 들의 백합화가 어떻게 자라는가 생각하여 보라 수고도 아니하고 길쌈도 아니하느니라 그러나 내가 너희에게 말하노니 솔로몬의 모든 영광으로도 입은 것이 이 꽃 하나만 같지 못하였느 니라 마 6:28,29

우리가 하나님의 자녀라면 모든 것을 하나님 아버지께서 돌보시 지 않겠습니까? 하나님의 놀라운 섭리와 경륜을 생각해보십시오.

오늘 있다가 내일 아궁이에 던져지는 들풀도 하나님이 이렇게 입히시거든 하 물며 너희일까보냐 믿음이 작은 자들아 마 6:30

하나님 아버지께서 하찮은 들풀조차 돌보시는데 하물며 하나님 의 자녀인 우리를 돌보시지 않겠습니까? "하나님 아버지"라고 믿고 부르면서도 자신을 온전히 맡기지 못하는 우리의 불신을 생각해보십시오.

> 그러므로 염려하여 이르기를 무엇을 먹을까 무엇을 마실까 무엇을 입을까 하지 말라 이는 다 이방인들이 구하는 것이라 너희 하늘 아버지께서 이 모든 것이 너희에게 있어야 할 줄을 아시느니라 마 6:31,32

세상 사람들과 똑같이 늘 삶의 결핍과 부족을 염려하고, 그 마음에 가득한 걱정을 내뱉으며 살지 마십시오. 하나님 아버지께서는 우리보다 우리를 더 잘 아시고, 우리 삶에 필요한 모든 것을 알고 계십니다.

우리는 항상 무엇을 어떻게 해야 형통, 축복, 더 나은 삶을 살 수 있을까에 집착합니다. 실제로 그런 삶을 살기 위해서 하나님께 기도하고 헌신합니다. 그러나 예수님께서는 눈에 보이는 현실에서 무언가를 얻기 위해 애쓰지 말고 눈에 보이지 않는 하나님의 나라와 의를 먼저 구하라고 하십니다. 그리고 그렇게 할 때 우리의 모든 필요가 은혜로 주어진다고 말씀하십니다. 우리가 자신의 나라와 의를 구하는 것을 멈출 때 비로소 우리의 모든 것을 아시는 하나님의 은혜가 임한다는 뜻입니다.

> 그런즉 너희는 먼저 그의 나라와 그의 의를 구하라 그리하면 이 모든 것을

너희에게 더하시리라 마 6:33

한마디로 예수님께서 하신 말씀의 핵심은 하나님나라에서 사는 하나님의 자녀는 겉사람의 삶의 방식에서 벗어나 속사람의 삶의 방식으로 자신을 변화시켜야 한다는 것입니다. 이것이 바로 사도 바울이 더 이상 육의 생각으로 살지 말고 영의 생각으로 살라고 한 뜻이기도 합니다.

육신을 따르는 자는 육신의 일을, 영을 따르는 자는 영의 일을 생각하나니 육신의 생각은 사망이요 영의 생각은 생명과 평안이니라 롬 8:5,6

우리는 현실을 변화시키기 위해서는 우리가 문제를 해결하는 방식으로 무엇이든지 해야 한다고 생각해왔습니다. 그런데 예수님은 그게 아니라 먼저 우리 자신이 하나님의 통치 아래서 그분과 올바른 관계를 가져야 한다고 말씀하십니다. 우리의 마음이 하나님의 뜻으로부터 얼마나 멀리 떨어져 있는지를 알게 하고 하나님과 올바른 관계를 가질 수 있도록 주신 것이 바로 말씀입니다. 결국 외적인 변화가 아니라 내적인 변화만이 외적인 변화까지 가져온다는 것으로, 지금까지와는 전혀 다른 삶의 방식입니다.

3
그리스도 안에서 자신의 뇌 기억과 잠재의식 내 프로그램을 새롭게 하라

우리 삶의 방식을 생각해보십시오. 자기중심적으로 모든 것을 자신과 동일시하고 심리적인 시간과 상상으로 현실을 판단하며 살아갑니다[이 부분에 대해서 좀 더 알고 싶다면 《기도하기 전에》(규장, 2016) 참조]. 우리는 외부 자극에 대해서 우리가 의식적으로 반응한다고 생각하지만 사실은 우리의 잠재의식에 들어 있는 프로그램과 경험이 저장된 뇌 기억에 대해서 거짓 자아가 반응하고 있을 뿐입니다. 그 반응이 문제를 만들어낸 것입니다.

우리가 깨달아야 할 중요한 사실은 어떤 문제라도 스스로 문제라고 느끼기 전까지는 자신에게 아무런 문제가 되지 않는다는 것입니다. 자신이 그것을 문제라고 생각할 때 비로소 그것이 자신에게 영향을 미치게 됩니다. 결국 모든 문제는 환경이나 다른 사람 때문이 아니라 내 잠재의식의 프로그램이나 뇌 기억에 기초한 나의 반응입니다. 그런 관점에서 볼 때 모든 문제는 내 책임입니다.

예수님께서 우리에게 말씀하신 것이 무엇입니까? 바로 타락한 마음으로 문제를 만들어내는 거짓 자아를 부인하고, 그 마음의 왜곡

되고 변질된 모든 생각과 감정을 주님께 드림으로써 자기의식을 포기하고 예수 그리스도 안에서 새로운 피조물로 살라는 것입니다.

그러므로 너희가 그리스도 예수를 주로 받았으니 그 안에서 행하되 그 안에 뿌리를 박으며 세움을 받아 교훈을 받은 대로 믿음에 굳게 서서 감사함을 넘치게 하라 누가 철학과 헛된 속임수로 너희를 사로잡을까 주의하라 이것은 사람의 전통과 세상의 초등학문을 따름이요 그리스도를 따름이 아니니라 그 안에는 신성의 모든 충만이 육체로 거하시고 너희도 그 안에서 충만하여졌으니 그는 모든 통치자와 권세의 머리시라 골 2:6-10

예수 그리스도 안에서 행한다는 것은 더 이상 세상 철학과 헛된 속임수로 가득 찬 거짓 자아에 속아 사는 것이 아니라 성령 안에서 진리의 말씀으로 마음을 새롭게 해나가는 것입니다. 그럴 때 비로소 더 이상 육의 생각을 하지 않고 영의 생각으로 살 수 있게 됩니다. 육의 생각은 오감을 통해 보이고 들리는 것에 대해서 자신의 마음으로 판단하고 느끼는 삶을 말하는 반면에, 영의 생각은 그리스도 안에서 주의 성령과 말씀으로 새로워진 마음으로 세상을 보는 삶을 말합니다.

이제는 더 이상 표면의식으로 "나는", "내 생각에는", "내 느낌으로는"이라고 반응하는 것이 아니라 그리스도 의식을 가진 영혼이 자신의 마음을 관찰할 줄 알아야 합니다. 어떤 일이 일어났을 때 우리는 내 잠재의식 내에 프로그램 된 습관에 따라 어떤 생각이나 감정이 떠오르게 됩니다. 그때 표면의식은 '내가 이렇게 하면 되고 저렇게 하면 안 돼'라고 생각합니다. 그러나 그리스도 안에 있으면 그것이 모두 하나님이 말씀에 기초한 것이 아니라는 것을 깨닫게 됩니다. 자신의 내면에서 올라오는 모든 생각과 감정이 진정한 자아가 아니라는 것을 깨닫는 것이 바로 자기부인입니다.

> 그러나 내게는 우리 주 예수 그리스도의 십자가 외에 결코 자랑할 것이 없으니 그리스도로 말미암아 세상이 나를 대하여 십자가에 못 박히고 내가 또한 세상을 대하여 그러하니라 갈 6:14

우리는 지금까지 삶에서 부딪히는 모든 문제들을 자신보다는 외부 환경이나 다른 사람의 탓이라고 생각해왔습니다. 그러나 그 모든 책임이 나 자신에게 있다는 것을 안다면 문제는 더 이상 문제가 되지 않으며 우리 자신을 거짓 자아로부터 자유케 하는 기회라는 것을 깨닫게 됩니다. 다른 말로 그리스도 안에 있는 새로운 자아를 통하여 주의 뜻을 이룰 수 있는 기회라는 것입니다.

거짓 자아를 포기하는 만큼, 즉 자신의 잠재의식(기억)에 기초한 사고와 감정에 반응하기를 멈추는 만큼 우리 안에 계시는 하나님의 지식과 지혜를 우리 마음에 받을 수 있습니다. 좀 더 구체적으로 그리스도 안에 있는 속사람이 뇌와 잠재의식 내에 들어 있는 것들이 표면의식으로 올라올 때마다 회개하고 용서를 구함으로써 자신의 마음을 정화시키고, 성령 안에서 주의 말씀에 따라 상상함으로써 자신의 뇌와 잠재의식에 새로운 사실을 기록하고 프로그램화시키는 것입니다.

한마디로 말하면 이것은 야고보서 1장 21절의 말씀입니다. "마음에 심어진"의 본래 뜻은 "뿌리박힌" 또는 "심겨진"(implanted)으로 우리 뇌에 기록된, 그리고 잠재의식 내 프로그램화 된 말씀이라는 뜻입니다.

> 그러므로 모든 더러운 것과 넘치는 악을 내버리고 너희 영혼을 능히 구원할 바 마음에 심어진 말씀을 온유함으로 받으라 약 1:21

우리는 위임된 왕권을 가지고 주의 영광을 드러내는 존재입니다. 주의 영광을 드러내기 위해서는 기존의 잠재의식 내 프로그램과 뇌 기억을 정화시켜야 합니다. 그럴 때 하나님의 지혜와 능력이 새로워진 마음을 통해서 나타납니다.

4
속사람에 기초한
영의 생각으로 살자

우리는 현실을 새롭게 인식해야 합니다. 우리는 지금 이 순간 보고 느끼는 현실이 사실이라고 생각하지만, 그것은 우리의 뇌와 마음이 만들어낸 일종의 허상일 뿐입니다. 그것이 바로 겉사람이 세상을 보는 방식입니다. 우리는 더 이상 우리의 과거 기억과 잠재의식 내 프로그램 된 것으로 세상을 보는 것이 아니라 하나님의 영으로 주어지는 진리의 말씀으로 자신과 세상을 볼 줄 알아야 합니다. 우리는 세상으로부터 주어진 기억 내용과 마음의 생각 너머에 있는 존재입니다. 우리는 예수 그리스도 안에서 하나님의 창조 사역을 이루어가는 존재입니다.

따라서 현실은 우리가(겉사람이) 맞이하고 대처해야 할 대상이 아니라 벗어나야 할 대상이며, 진정한 내가(속사람이) 새롭게 해야 할 마음(거짓 자아)의 반영일 뿐입니다. 그 결과 마음은 주님의 지식과 지혜로 새롭게 만들어가야 할 하나님의 캔버스가 되어야 합니다. 하나님나라에서 자녀의 삶은 겉사람이 자신이 아니라는 것을 깨닫고, 속사람이 겉사람을 뚫고 나타남으로 하나님의 영광을 드러내는 삶을 사는 것입니다. 예수님께서 그것을 위해 이 땅에 오셨습니다. 우리가 다시 위임된 통치권을 나타낼 수 있도록 오신 것입니다.

그렇다면 속사람의 실체는 무엇입니까? 그것은 지금까지의 겉사람의 삶과 비교해보면 쉽게 알 수 있습니다.

	겉사람 (거짓 자아)	속사람 (새로운 자아, 그리스도 안에 있는 나)
정체성	독립적인 존재	예수 그리스도 안에 새로운 피조물
	자신의 과거 기억한 정체성	하나님의 생명과 말씀에 기초한 정체성
사는 목적	자신의 행복과 성공을 위해서	하나님의 형상을 나타내기 위해서
사는 방법	가진 것이 없음	모든 것이 있음
	없는 것에 관심 (구하는 데 관심)	있는 것에 관심 (나타내는 데 관심)
	자기능력의 극대화	하나님의 능력의 극대화
	모든 일에 최선을 다함	하나님의 때에 하나님께서 말씀하시는 일
	행위와 성취에 목적	하나님의 사랑을 더 드러내는 것이 목적
	목적을 달성하는 삶	목적이 수단이 되는 삶
	현재를 포기하는 삶	현재를 즐기는 삶
	행위적 삶	존재적 삶
판단 방법	뇌 기억과 잠재의식 내 프로그램에 기초	하나님의 지식과 지혜에 기초
	외부의 탓으로 돌림	자신에게 책임이 있음
	세상에 대한 피해의식	하나님나라의 주인의식
마음의 작용	동일시와 심리적 시간과 상상	마음을 새롭게 함으로 지금 이 순간, 있는 그대로

항상 무슨 일이나 어떤 일이 일어나든지 사람과 대상에 사로잡히지 마십시오. 눈앞의 문제에 묶이거나 그 문제를 해결하기 위해 집착하지 말고, 우리의 기억과 마음을 새롭게 하는 라이프 스타일을 훈련하고, 새로운 하나님나라의 습관을 만들어 가시기 바랍니다. 문제를 우리가 해결해야 할 대상으로 보지 마십시오. 우리를 하나님의 자녀로 변화시키는 기회와 수단으로 보시기 바랍니다.

❖ 외부의 어떤 자극이라도 우리의 표면의식으로 받아들이면 우리는 곧바로 잠재의식과 기억에 있는 정보를 바탕으로 판단하고 느끼게 됩니다. 그리고 그것에 어떻게 반응할지 결정합니다.

❖ 이때 우리는 그렇게 반응하는 주체가 우리의 거짓 자아(겉사람)일 뿐이지 우리의 속사람(그리스도 안에 있는 영적 존재)이 아니라는 사실을 깨달아야 합니다. 그리고 스스로 자신이 무언가를 해야 하고, 결정해야 한다는 생각을 버려야 합니다. 그것이 바로 자기를 부인하는 것입니다.

❖ 거짓 자아는 현재의 두려움과 죄책감에서 벗어나기 위해 그 문제를 부인하든지 투사하든지 갖가지 방법으로 지금 이 순간에 저항할 것입니다. 그럴 때 자신 안에 계신 예수 그리스도께서 자신의 모든 죄를 대속하셨다는 사실을 알고 그 순간 그 문제

를 직면하여 예수 그리스도께 맡길 때, 다른 말로 자기 십자가를 질 때, 모든 두려움과 죄의식에서 벗어나 그리스도 안에 거하게 됩니다.

❖ 그리스도 안에 거하게 되면 거짓 자아의 반응을 관찰할 수 있습니다. 우리가 그리스도 안에 있는지 없는지 알 수 있는 가장 쉬운 방법은 바로 우리의 잠재의식과 기억으로부터 나오는 것들에 대하여 우리의 감정이 어떻게 연합하는지 보는 것입니다. 예를 들면 어떤 부정적인 생각이나 감정이 일어났을 때 그것에 사로잡히거나 또는 사로잡히지 않기 위해서 억압, 부인, 투사와 같은 반응을 한다면 우리는 그리스도 밖에 있는 것입니다. 한편 동일한 상황인데도 마치 기차 안에서 창 밖의 풍경을 보는 것처럼 아무런 감정적 동요 없이 그 상태를 바라본다면 우리는 그리스도 안에 있는 것입니다.

❖ 우리는 그리스도 안에서 예수 그리스도의 이름으로 거짓 자아가 행한 일들과 생각하고 느끼는 것들을 회개하고 용서를 구해야 합니다. 그때의 기준이 바로 진리의 말씀입니다. 예수 그리스도의 십자가 대속과 성령의 조명 아래에서 주어진 말씀만이 우리의 마음을 새롭게 하는 유일한 능력입니다.

❖ 그런데 많은 경우 우리는 거짓 자아를 자기라고 생각하고, 표면의식으로 말씀을 붙들어서 잠재의식과 기억에서 올라오는 모든 생각과 느낌을 억제하거나 변화시키고자 애를 씁니다. 표면의식이 말씀으로 우리 자신을 변화시키려고 하면 어떤 일이 일어날까요? 잠재의식과 기억에 기초한 사고나 느낌과 내적 갈등을 일으킵니다. 그럴 때 대부분의 경우 자신의 의지력을 가지고 자신이 잘못되었다고 믿고 있는 기억과 잠재의식의 내용을 억누르려고 합니다.

❖ 그러나 이 의지력은 자신을 변화시킬 수 없을 뿐만 아니라 혼적인 요요 현상의 원인이 됩니다. 결국 우리의 삶은 결단 → 헌신 → 우울이라는 악순환을 가져옵니다. 다시 한번 강조하면 우리의 표면의식으로는 우리의 행동이나 태도를 변화시킬 수 없습니다. 우리의 삶은 저장된 뇌 기억과 잠재의식 내 프로그램대로 이끌려 가기 때문입니다.

❖ 말씀은 우리의 문제와 상황을 변화시키는 데 필요한 것이 아니라 우리의 잠재의식과 기억을 변화시키는 데 필요한 것입니다. 이 일을 위해서는 무엇보다 먼저 우리가 그리스도 안에 거해야 합니다. 그리고 성령님의 도우심으로 마귀의 본성에 의해서 만들어진 잠재의식과 기억 속에 있는 모든 프로그램과 생각과 감

정들을 정화시켜야 합니다. 그것이 바로 회개와 용서입니다. 그리고 하나님의 사랑에 기초한 생명의 말씀을 우리의 잠재의식과 기억에 새롭게 기록해야 합니다.

❖ 우리가 우리의 잠재의식과 기억의 내용을 포기한다면 우리는 껍데기만 남고 아무것도 남지 않는 것이 아닌지 반문할 수 있을 것입니다. 하지만 결코 그렇지 않습니다. 그것이 본래 하나님이 창조하신 상태로 돌아가는 것입니다. 우리가 예수 그리스도 안에 있다면 우리의 변질되고 왜곡된 기억과 잠재의식 내 프로그램을 포기하는 만큼 하나님의 지식과 지혜(모든 것을 하나님의 관점에서 보는 사고방식)가 우리 마음 안에 흘러 들어오게 됩니다. 우리 마음을 비움과 동시에 하나님께서 우리 마음을 새롭게 하신다는 것을 믿으시기 바랍니다.

또 주께서 이르시되 그 날 후에 내가 이스라엘 집과 맺을 언약은 이것이니 내 법을 그들의 생각에 두고 그들의 마음에 이것을 기록하리라 나는 그들에게 하나님이 되고 그들은 내게 백성이 되리라 히 8:10

주께서 이르시되 그 날 후로는 그들과 맺을 언약이 이것이라 하시고 내 법을 그들의 마음(hearts)에 두고 그들의 생각(minds)에 기록하리라 하신 후에 히 10:16

우리는 관계나 신분, 소유나 재력으로 우리 자신의 가치를 매기는 세상에서 살아가고 있습니다. 그리고 그것 때문에 고통당하지만, 그 고통 가운데서 여전히 그것들을 추구합니다. 그러나 하나님의 자녀는 이 거짓 자아가 만들어낸 굴레에서 벗어나 그리스도 안에서 진정한 자유를 누려야 합니다. 진정한 자유는 겉사람이 추구하는 것으로부터는 행복을 얻을 수 없다는 것을 깨달을 때 비로소 내 안에서 발견될 것입니다.

1. 하나님나라는 어떻게 들어갈 수 있습니까? 하나님나라는 어디에 있습니까? 그리고 하나님나라는 어떻게 이루어집니까?

- 예수 그리스도를 믿고 거듭난 자만이 하나님나라로 들어갈 수 있습니다. (요 3:3 ; 요 3:5)

- 하나님나라는 주의 말씀이 우리 마음에 심겨지는 것과 같다고 말씀하셨습니다. (막 4:26 ; 눅 17:21)

- 하나님나라는 성령의 능력으로 우리 마음에 심겨진 주의 말씀이 그 실체를 드러내는 것입니다. (막 4:27 ; 갈 6:7,8)

2. 왜 예수님은 자기를 부인하고 자기 십자가를 지는 삶을 살라고 말씀하셨을까요? 자기는 누구를 지칭하는 것입니까?

- 심리학에서 에고라고 부르는 것이 바로 자신의 육신과 마음을 자신이라고 믿게 하는 거짓 자아입니다. 인간이 타락한 후 하나님의 영이 떠남으로 만들어진 것이 이 에고이며 자신을 하나님과 분리시키고 하나님을 몰아낸 것이 바로 거짓 자아입니다. (롬 8:5,6 ; 골 3:1-3)

- 자기를 부인하는 것은 바로 이 거짓 자아(에고, 겉사람)가 자신의 본질이 아니라는 것을 깨닫는 것을 말합니다. (요 12:24,25)

- 자기 십자가를 지는 것은 자신의 마음이 심리적 시간과 상상으로 만들어낸 모든 과거, 현재, 미래의 생각과 감정을 주님께 맡기는 것을 의미합니다. (마 8:17 ; 갈 6:14 ; 고전 15:31)

3. 그렇다면 마음을 새롭게 하는 삶이란 무엇인가요?

● 거짓 자아가 지금의 자신보다 좀 더 나은 삶을 살기 위해 애쓰는 것은 영적으로 보면 마치 자해와 마찬가지입니다. (롬 8:7,8)

● 마음을 새롭게 한다는 것은 우리 안에 계시는 성령님과 말씀으로 우리 마음의 생각과 태도가 매순간 새로워지는 것입니다. (롬 8:10-13 ; 롬 12:2 ; 엡 4:22-24 ; 약 1:21)

4. 겉사람에 기초한 삶과 속사람에 기초한 삶을 비교해보고, 실제 상황에서 어떻게 속사람의 삶을 살 수 있을지 훈련해보십시오.

● 우리의 뇌 기억과 잠재의식은 현실과 상상을 구분하지 않는다고 합니다. 따라서 우리가 주의 말씀을 정말로 믿을 때 우리의 뇌 기억과 잠재의식 내 프로그램을 변화시킬 수 있습니다. (고후 4:18)

● 속사람의 삶은 예수 그리스도 안에서 주의 말씀으로 우리의 뇌 기억과 잠재의식 내 프로그램을 변화시키는 것입니다. (롬 8:13 ; 히 10:16)

● 속사람의 삶은 환경에 반응하는 자신의 마음에 이끌리지 않고, 예수 그리스도 안에서 말씀으로 자신의 마음을 변화시키는 것입니다. (롬 12:2)

● 우리의 마음이 새로워지는 만큼 하나님의 권능이 우리의 삶에 나타납니다. (고전 12:7)

● 새로운 삶이란 성령 안에서 말씀에 따라 상상하고 느끼고 예수 그리스도의 이름으로 선포하고 행동하는 삶입니다. (히 11:1 ; 히 11:3)

chapter 6

예수 그리스도의 이름

하나님나라에서
예수 그리스도의 이름으로
사는 자

예수 그리스도의 이름은
무엇을 의미하는가?

기독교가 중국으로 전래될 당시, 중국에서는 헬라어(그리스어) 'Χριστός'(크리스토스)가 한자 "基督"(중국식 발음 지두)으로 번역되었습니다. 그리고 조선에서는 헬라어 '크리스토스'를 한글 "그리스도"라고 음역하였습니다. 따라서 '기독'(基督)과 '그리스도'는 각각 헬라어 'Χριστός'의 중국어 번역과 한글 음역입니다.

그리스도 앞에 흔히 '예수'를 붙여서 "예수 그리스도"라고 말합니다. 그런데 마치 "예수 그리스도"가 성명인 것처럼 생각하여 '예수'는 이름(first name), '그리스도'는 성(family name)이라고 생각하는 사람들이 있는데 그렇지 않고 예수가 성명인 반면 그리스도는 고유명사가 아니라 보통명사입니다.

헬라어 'Χριστός'는 히브리어 "메시아"(마쉬아흐, מָשִׁיחַ)의 번역으로 "기름 부음 받은 자"를 의미합니다. 구약의 이사야서에서는 바사 왕 고레스를 가리켜 "기름 부음 받은 자"라고 지칭하는 만큼(사 45:1), '메시아'의 기본적인 뜻은 왕(king)입니다. 그렇기 때문에 메시아의 헬라어 번역인 'Χριστός'(크리스토스) 역시 그 뜻은 왕(king)입니다.

따라서 예수 그리스도를 믿는다는 것은 예수께서 왕이심을 믿는다는 뜻이며, 그분의 통치에 따라 살기로 다짐한다는 의미입니다.

구약에서 하나님께서는 자신의 이름으로 친히 자신을 계시하셨습니다. 신약에서 성자 하나님이신 예수님께서는 하나님의 이름으로 오셔서 하나님 아버지의 일을 행하셨고, 자신이 이 땅에 나타난 하나님의 형상이며 아버지와 하나라고 말씀하셨습니다. 즉 육신으로 나타나신 하나님이시라고 말씀하셨습니다. 예수 그리스도의 이름은 주(Lord)와 구원자(Savior)를 의미했습니다. 따라서 신약에서 믿는 자들이 예수 그리스도의 이름을 부를 때는 하나님의 이름과 동일하게 생각하였습니다. 구약의 사람들이 여호와 하나님의 이름으로 그분의 통치 안에서 살았던 것처럼 신약의 사람들은 예수 그리스도 이름으로 그분의 통치 안에서 살아갔습니다.

> 예수께서 이르시되 하나님이 너희 아버지였으면 너희가 나를 사랑하였으리니 이는 내가 하나님께로부터 나와서 왔음이라 나는 스스로 온 것이 아니요 아버지께서 나를 보내신 것이니라 요 8:42

> 나와 아버지는 하나이니라 하신대 요 10:30

> 빌립이 이르되 주여 아버지를 우리에게 보여 주옵소서 그리하면 족하겠나이다 예수께서 이르시되 빌립아 내가 이렇게 오래 너희와 함께 있으되 네가 나

를 알지 못하느냐 나를 본 자는 아버지를 보았거늘 어찌하여 아버지를 보이라 하느냐 요 14:8,9

예수께서 대답하시되 내가 너희에게 말하였으되 믿지 아니하는도다 내가 내 아버지의 이름으로 행하는 일들이 나를 증거하는 것이거늘 요 10:25

이름은 그 사람의 전 인격을 통틀어 말할 때 사용하는 것입니다. 이름은 그 사람의 생명, 본질, 인격을 의미합니다. 따라서 우리가 어떤 사람의 이름을 부른다는 것은, 지금 그 사람이 내 앞에 있든지 없든지 상관없이, 그 이름을 통해 관계하고 반응한다는 뜻입니다. 예를 들어, 사랑하는 사람이 지금 여기 없다 하더라도 그 이름을 부르면, 우리는 마치 지금 이 자리에 있는 것 같은 느낌을 가지게 됩니다. 예수 그리스도의 이름은 바로 예수 그리스도이십니다. 따라서 예수 그리스도가 누구인지 아는 것이 바로 예수 그리스도의 이름을 아는 것입니다.

첫째, 예수님은 하나님이시며, 인간으로 오신 하나님의 형상이시다
예수 그리스도는 삼위일체 하나님의 성자 하나님이시며, 이 땅에 인자(人子)로 오신 보이지 않는 하나님의 보이는 형상이시며, 완전한 신성(神性)과 인성(人性)을 지닌 분이십니다.

본래 하나님을 본 사람이 없으되 아버지 품 속에 있는 독생하신 하나님이 나타내셨느니라 요 1:18

… 그리스도는 하나님의 형상이니라 고후 4:4

그는 보이지 아니하는 하나님의 형상이시요 모든 피조물보다 먼저 나신 이시니 골 1:15

그는 근본 하나님의 본체시나 … 빌 2:6

이는 하나님의 영광의 광채시요 그 본체의 형상이시라 … 히 1:3

예수께서 세례를 받으시고 곧 물에서 올라오실새 하늘이 열리고 하나님의 성령이 비둘기 같이 내려 자기 위에 임하심을 보시더니 하늘로부터 소리가 있어 말씀하시되 이는 내 사랑하는 아들이요 내 기뻐하는 자라 하시니라 마 3:16,17

예수님은 태초부터 계셨으며, 이 세상을 창조한 분이시며, 지금도 말씀으로 지으신 만물을 붙들고 계신 전능한 하나님이십니다. 그분이 인간을 구원하시기 위해서 사람의 몸으로 이 땅에 오신 것입니다. 타락한 인간이 예수 그리스도를 믿고 구원을 얻는다는 것은 스스로 자신의 주인 됨을 포기함으로써 그분 안에서 그분의 신성과 인성을 경험한다는 것입니다. 할렐루야!

> 아들을 낳으리니 이름을 예수라 하라 이는 그가 자기 백성을 그들의 죄에서 구원할 자이심이라 하니라 이 모든 일이 된 것은 주께서 선지자로 하신 말씀을 이루려 하심이니 이르시되 보라 처녀가 잉태하여 아들을 낳을 것이요 그의 이름은 임마누엘이라 하리라 하셨으니 이를 번역한즉 하나님이 우리와 함께 계시다 함이라 마 1:21-23

둘째, 예수님께서는 인간을 죄와 질병으로부터 구원하시고 마귀로부터 자유케 하셨다

예수님은 타락한 인간을 구원하시기 위해서 하나님께서 하나님의 이름으로 보내신 성자 하나님이십니다. 우리를 죽음에 이르게 하는 것은 바로 죄와 그에 따른 혼과 육의 질병입니다. 그것의 근본적인 원인은 바로 마귀입니다. 죄의 삯은 사망입니다. 따라서 예수님께서는 십자가에 죽으심으로 마귀의 일을 멸하셨으며, 사망 권세로부터 우리를 자유케 하셨습니다.

> 죄를 짓는 자는 마귀에게 속하나니 마귀는 처음부터 범죄함이라 하나님의 아들이 나타나신 것은 마귀의 일을 멸하려 하심이라 요일 3:8

자녀들은 혈과 육에 속하였으매 그도 또한 같은 모양으로 혈과 육을 함께 지니심은 죽음을 통하여 죽음의 세력을 잡은 자 곧 마귀를 멸하시며 히 2:14

통치자들과 권세들을 무력화하여 드러내어 구경거리로 삼으시고 십자가로 그들을 이기셨느니라 골 2:15

우리는 흔히 예수 그리스도의 대속 사건이 우리의 죄 사함에만 있다고 생각하지만, 구약에 예언된 말씀과 더불어서 예수님께서 행하신 사역을 보면 예수님께서는 우리의 죄뿐만 아니라 혼과 육의 질병까지도 대속하셨습니다.* 즉 예수 그리스도의 대속은 우리의 죄를 사함으로써 우리를 하나님의 자녀로 온전케 하기 위해서입니다. 이일은 예수님께서 잡히시던 날 밤에 제자들에게 베푸신 성찬을 통해서도 알 수 있습니다.

그들이 먹을 때에 예수께서 떡을 가지사 축복하시고 떼어 제자들에게 주시며 이르시되 받아서 먹으라 이것은 내 몸이니라 하시고 또 잔을 가지사 감사 기

---

* 이 부분을 제대로 이해하기 위해서는 현재적 하나님나라의 법적 측면과 현실적 측면의 속성을 알아야 합니다. 즉, 법적으로는 개정되었지만 실제 효력이 나타나기 위해서는 실행되어야 하는 것처럼, 예수 그리스도께서 법적으로 이미 이루셨지만, 그 법에 따른 실제적 효과가 나타나기 위해서 우리는 믿음으로 취해야 합니다. 이것에 대해서 좀 더 구체적으로 알기 원한다면 《너희는 이렇게 기도하라》(규장, 2017)를 참조하십시오.

도 하시고 그들에게 주시며 이르시되 너희가 다 이것을 마시라 이것은 죄 사함을 얻게 하려고 많은 사람을 위하여 흘리는 바 나의 피 곧 언약의 피니라 마 26:26-28

내가 너희에게 전한 것은 주께 받은 것이니 곧 주 예수께서 잡히시던 밤에 떡을 가지사 축사하시고 떼어 이르시되 이것은 너희를 위하는 내 몸이니 이것을 행하여 나를 기념하라 하시고 식후에 또한 그와 같이 잔을 가지시고 이르시되 이 잔은 내 피로 세운 새 언약이니 이것을 행하여 마실 때마다 나를 기념하라 하셨으니 너희가 이 떡을 먹으며 이 잔을 마실 때마다 주의 죽으심을 그가 오실 때까지 전하는 것이니라 고전 11:23-26

우리는 흔히 성찬에 대해서 말할 때 예수님께서 흘리신 피에 대해서만 언급하고, 그 몸이 찢기신 의미에 대해서는 구체적으로 말하지 않습니다. 그러나 예수님께서 행하신 성찬에는 자신의 죽으심으로 인하여 우리를 죽음으로부터 자유케 하기 위한 모든 것이 포함되어 있다는 것을 알아야 합니다. 성찬식 때 사용하는 빵은 찢기신 살로 우리의 모든 질병을 대속하셨음을 나타내고, 포도주는 흘리신 피로 우리의 죄를 대속하신 것을 의미합니다. 그것을 나타내기 위해서 떡을 떼어 주시고, 포도주 잔을 주신 것입니다. 예수님의 대속 사건에 죄와 질병이 함께 언급되어 있다는 것을 다시 한번 묵상해보기 바랍니다.

그가 찔림은 우리의 허물 때문이요 그가 상함은 우리의 죄악 때문이라 그가 징계를 받으므로 우리는 평화를 누리고 그가 채찍에 맞으므로 우리는 나음을 받았도다 사 53:5

이는 선지자 이사야를 통하여 하신 말씀에 우리의 연약한 것을 친히 담당하시고 병을 짊어지셨도다 함을 이루려 하심이더라 마 8:17

친히 나무에 달려 그 몸으로 우리 죄를 담당하셨으니 이는 우리로 죄에 대하여 죽고 의에 대하여 살게 하려 하심이라 그가 채찍에 맞음으로 너희는 나음을 얻었나니 벧전 2:24

셋째, 하나님께서는 예수 그리스도께서 부활 승천하신 후 그 이름을 높이셨으며, 그 이름으로 세상 모든 자들의 무릎을 꿇게 하셨다

예수님께서는 타락한 인간의 모든 죄를 대속하시기 위해서 십자가에서 피 흘리고 죽으셨으며, 죽은 지 사흘 만에 다시 살아나셨습니다. 그리고 부활하신 예수님께서는 대제사장으로서 하늘에 있는 지성소에 들어가 "피흘림이 없은즉 사함이 없느니라"(히 9:22), "죄의 삯은 사망이요"(롬 6:23)라는 하나님의 공의를 만족시키셨고, 영원한 속죄를 이루셨습니다.

하나님께서는 부활하신 예수 그리스도를 다시 높이사 그 이름을 모든 이름 위에 뛰어나게 하시고 만물이 그 이름에 복종하게 하시고,

모든 피조물이 예수 그리스도가 하나님이심을 시인하도록 하여 오직 하나님 아버지께 영광 돌리게 하셨습니다.

> 너희 안에 이 마음을 품으라 곧 그리스도 예수의 마음이니 그는 근본 하나님의 본체시나 하나님과 동등됨을 취할 것으로 여기지 아니하시고 오히려 자기를 비워 종의 형체를 가지사 사람들과 같이 되셨고 사람의 모양으로 나타나사 자기를 낮추시고 죽기까지 복종하셨으니 곧 십자가에 죽으심이라 이러므로 하나님이 그를 지극히 높여 모든 이름 위에 뛰어난 이름을 주사 하늘에 있는 자들과 땅에 있는 자들과 땅 아래에 있는 자들로 모든 무릎을 예수의 이름에 꿇게 하시고 모든 입으로 예수 그리스도를 주라 시인하여 하나님 아버지께 영광을 돌리게 하셨느니라 빌 2:5-11

따라서 우리가 예수 그리스도의 이름을 말한다는 것은 인자(人子)로 오신 성자(聖子) 하나님, 우리를 구원하신 구원자, 모든 피조물을 복종시킨 주님 모두를 의미합니다. 예수님께서는 하나님 아버지의 이름으로 아버지의 일을 행하셨지만, 그 자녀들에게는 자신의 이름을 주셨습니다. 구원받은 우리가 예수 그리스도의 이름을 사용한다는 것은 예수 그리스도 안에서 주(主)를 나타내는 자가 된다는 의미이며, 그 일은 하나님의 생명에 연결된 우리 영혼이 새로운 마음을 갖는 만큼 이루어질 것입니다.

2
예수 그리스도의 이름으로
행한다는 것은?

예수님께서는 공생애 사역 동안 하나님 아버지의 이름으로 하나님의 일을 행하셨습니다. 그리고 제자들에게는 오순절 날 하나님의 나라가 임할 때는 자신의 이름으로 하나님의 일을 행하라고 하셨습니다. 예수님께서는 왜 자신의 이름으로 행하라고 하셨을까요? 그 이름이 무엇을 의미하는 것일까요?

　인간이 중력의 법칙을 발견하기 전부터 그 법칙은 태초부터 이미 존재했습니다. 그러나 우리가 이 중력의 법칙을 발견하고 응용함으로써 비로소 우주의 신비를 알게 되었고, 비행기도 띄울 수 있고, 다른 행성에도 갈 수 있고, 수많은 유익을 누릴 수 있게 되었습니다. 이와 마찬가지로 우리의 지식과 상관없이 그분은 태초부터 계셨으며 창조의 일을 행하셨습니다. 예수 그리스도는 삼위일체 하나님이시며, 이 땅에 육신으로 오신 하나님의 형상이십니다. 또한 그분은 우리를 대신하여 십자가에서 죽으시고 부활 승천하셔서 모든 영광을 받으신 분이며, 지금도 살아 계셔서 만물을 붙들고 계십니다. 따라서 우리가 그 예수 그리스도를 아는 만큼 그리고 그분과 관계하는 만큼 우리는 그분의 권세와 능력을 사용할 수 있습니다.

> 이 모든 날 마지막에는 아들을 통하여 우리에게 말씀하셨으니 이 아들을 만유의 상속자로 세우시고 또 그로 말미암아 모든 세계를 지으셨느니라 이는 하나님의 영광의 광채시요 그 본체의 형상이시라 그의 능력의 말씀으로 만물을 붙드시며 죄를 정결하게 하는 일을 하시고 높은 곳에 계신 지극히 크신 이의 우편에 앉으셨느니라 히 1:2,3

> 예수께서 나아와 말씀하여 이르시되 하늘과 땅의 모든 권세를 내게 주셨으니 그러므로 너희는 가서 모든 민족을 제자로 삼아 아버지와 아들과 성령의 이름으로 세례를 베풀고 내가 너희에게 분부한 모든 것을 가르쳐 지키게 하라 볼지어다 내가 세상 끝날까지 너희와 항상 함께 있으리라 하시니라
> 마 28:18-20

우리가 예수 그리스도 안에서 예수 그리스도의 이름을 사용한다는 것은 ① 마치 예수님께서 아버지와 관계하는 것과 같은 상태가 된다는 것입니다. ② 죄 사함을 얻을 수 있고, 질병으로부터 고침을 받을 수 있고, 마귀의 일을 무효화시킬 수 있다는 것을 의미합니다. ③ 우리가 예수 그리스도의 이름으로 시공간을 초월하여 모든 이름을 무릎 꿇게 할 수 있다는 것입니다.

그렇지만 실제적으로 예수 그리스도의 이름의 권세와 능력이 나타

나기 위해서는 다음 조건이 갖추어져야 합니다.

예수 그리스도께서 살아 계신가?

각 이름에는 그 이름에 해당하는 권세와 능력이 있지만, 그 이름에 해당하는 인격체가 살아 있을 때만 적용됩니다. 예를 들어 역사상 어떤 위대한 사람이라 할지라도 그가 살아 있을 때만 그 이름에 권세와 능력이 주어졌지, 그 사람이 죽고 나면 그 이름을 기억하고 기념할 뿐 더 이상 그 이름에 권세와 능력은 없습니다. 그런 의미에서 예수 그리스도 이름의 권세와 능력은 지구상에 존재했던 어떤 사람의 이름과도 차원이 다릅니다. 왜냐하면 예수님은 죽었지만 다시 살아나신 분이고, 영원히 현존하시며, 하나님의 우편에, 그리고 지금 우리 안에 계신 분이시기 때문입니다.

곧 살아 있는 자라 내가 전에 죽었었노라 볼지어다 이제 세세토록 살아 있어 사망과 음부의 열쇠를 가졌노니 계 1:18

예수 그리스도는 어제나 오늘이나 영원토록 동일하시니라 히 13:8

두세 사람이 내 이름으로 모인 곳에는 나도 그들 중에 있느니라 마 18:20

예수 그리스도와 어떤 관계인가?

모든 이름에는 그 이름에 해당하는 권세와 능력이 있으며, 또한 어떤 사람과의 관계 정도에 따라 그 사람, 즉 그 이름의 권세와 능력을 사용할 수도 있습니다. 예를 들어, 어떤 회사 사장의 이름과 직원의 이름에는 분명히 권세와 능력에 차이가 있을 것입니다. 또한 직원이 회사 사장의 이름을 말하는 것과 사장의 아들이 그 아버지의 이름을 말하는 것에는 권세와 능력에 있어서 엄청난 차이가 있을 것입니다. 왜냐하면 회사 사장의 이름과 그 사람의 관계 때문입니다. 아들이 사장의 이름을 부를 때는 아버지와 자식이라는 생명적 관계 안에서 부르는 반면, 회사 직원이 사장의 이름을 부를 때는 사장과 직원이라는 고용의 관계에서 부르는 것뿐입니다. 만약 직원이 사장의 이름으로 권세를 누리고자 한다면 다른 사람들이 그를 이상한 사람으로 취급할 것입니다.

우리가 세상 사람들의 이름을 부르고 관계하는 것과 예수 그리스도의 이름을 부르고 관계하는 것은 전혀 다른 차원이라는 것을 알아야 합니다. 우리가 어떤 사람의 이름을 부르는 것은 서로 분리된 인격체와 인격체의 관계를 나타내는 것이지만 하나님의 자녀가 예수 그리스도의 이름을 부르는 것은 그분 안에서 그분을 나타내는 것이기 때문입니다. 이것을 이해하기 위해서 다음 말씀을 읽어보십시오.

내가 그리스도와 함께 십자가에 못 박혔나니 그런즉 이제는 내가 사는 것이 아니요 오직 내 안에 그리스도께서 사시는 것이라 이제 내가 육체 가운데 사는 것은 나를 사랑하사 나를 위하여 자기 자신을 버리신 하나님의 아들을 믿는 믿음 안에서 사는 것이라 갈 2:20

너희는 하나님으로부터 나서 그리스도 예수 안에 있고 예수는 하나님으로부터 나와서 우리에게 지혜와 의로움과 거룩함과 구원함이 되셨으니 고전 1:30

또 증거는 이것이니 하나님이 우리에게 영생을 주신 것과 이 생명이 그의 아들 안에 있는 그것이니라 아들이 있는 자에게는 생명이 있고 하나님의 아들이 없는 자에게는 생명이 없느니라 요일 5:11,12

우리가 하나님의 자녀가 되어 예수 그리스도의 이름을 부른다는 것은, 우리가 거듭난 후 우리 안에 오신 예수 그리스도의 생명을 나타낸다는 것입니다. 이제 더 이상 자신의 이름으로 자신을 나타내는 존재가 아니라 예수 그리스도의 이름으로 그리스도를 나타내는 존재로 태생적으로 변화된 것입니다. 이제 우리가 이 육체 가운데 사는 것은 예수 그리스도께서 우리의 육체를 사용하신다는 것입니다. 예수 그리스도께서 우리를 통하여 그의 지혜와 의로움과 거룩함과 구원을 나타내기 위해서 주신 것이 바로 예수 그리스도의 이름입니다. 그분은 영원히 살아 계시며, 지금 하나님 우편에 계시지만 우리 안에도 함께하시는 분이십니다.

그 날에는 내가 아버지 안에, 너희가 내 안에, 내가 너희 안에 있는 것을 너희가 알리라 요 14:20

우리는 예수 그리스도의 죽으심과 부활하심에 연합한 자이며, 더 이상 나의 삶을 사는 자가 아니라 예수 그리스도의 생명을 나타내는 삶을 사는 자임을 알아야 합니다. 영이요 생명이신 그 말씀에 순종하는 만큼 예수 그리스도의 이름의 권세를 사용할 수 있을 것입니다. 그것이 바로 아무리 예수 그리스도의 이름에 대해서 공부한 박사라 할지라도 예수 그리스도 이름의 능력을 경험하지 못하는 이유이기도 합니다.

예수님께서 재림하시면 우리는 모두 몸의 부활을 입고, 예수 그리스도와 함께 다시 왕 노릇하게 될 것입니다. 예수님께서 재림하시기 전까지 이 땅에 사는 하나님의 자녀들에게 맡겨진 것이 바로 예수 그리스도의 이름입니다. 하나님의 의(義)로 말미암아 위임된 왕권을 사용하는 비밀이 바로 예수 그리스도의 이름 안에 있습니다.

3
예수 그리스도의 이름과 하나님 나라

예수님이 전하신 복음은 하나님나라의 복음입니다. 하나님의 나라는 하나님의 통치를 의미합니다. 하나님나라에 들어갈 수 있는 유일한 방법은 거듭나는 것이고(요 3:3,5), 거듭나기 위해서는 길이요 진리요 생명이신 예수 그리스도를 주로 영접함으로 먼저 죄 사함을 받아야 합니다.

> 빌립이 하나님나라와 및 예수 그리스도의 이름에 관하여 전도함을 그들이 믿고 남녀가 다 세례를 받으니 행 8:12

우리가 예수 그리스도 안에 있을 때 하나님나라는 우리 안에 있습니다. 하나님나라는 성령의 임재와 통치로 이루어집니다. 우리가 예수 그리스도 안에 있을 때 비로소 성령이 하나님의 말씀을 통하여 우리의 혼과 육을 통치하고, 그 결과 우리가 성령의 인도함을 받을 때 우리가 그의 나라가 되는 것입니다.

> 그러나 내가 하나님의 성령을 힘입어 귀신을 쫓아내는 것이면 하나님의 나라

가 이미 너희에게 임하였느니라 마 12:28

또 이르시되 하나님의 나라는 사람이 씨를 땅에 뿌림과 같으니 막 4:26

바리새인들이 하나님의 나라가 어느 때에 임하나이까 묻거늘 예수께서 대답
하여 이르시되 하나님의 나라는 볼 수 있게 임하는 것이 아니요 또 여기 있
다 저기 있다고도 못하리니 하나님의 나라는 너희 안에 있느니라 눅 17:20,21

하나님께서 예수 그리스도에게 그의 나라를 맡기신 것처럼 예수님
께서도 우리에게 하나님의 나라를 맡기기 원하십니다. 하나님께서
는 태초에 자녀를 창조하시고 자녀에게 이 땅을 맡기고 다스릴 위임
된 왕권을 다시 회복시켜주기를 원하십니다. 그 일을 위해서 이 땅에
예수 그리스도를 보내서서 우리를 구원하시고 예수님께서 부활 승
천하신 이후에도 우리 안에 계시도록 하신 것입니다.

적은 무리여 무서워 말라 너희 아버지께서 그 나라를 너희에게 주시기를 기
뻐하시느니라 눅 12:32

너희는 나의 모든 시험 중에 항상 나와 함께한 자들인즉 내 아버지께서 나라
를 내게 맡기신 것같이 나도 너희에게 맡겨 눅 22:28,29

그런즉 너희는 먼저 그의 나라와 그의 의를 구하라 그리하면 이 모든 것을 너희에게 더하시리라 마 6:33

주 예수께서 말씀을 마치신 후에 하늘로 올려지사 하나님 우편에 앉으시니라 제자들이 나가 두루 전파할새 주께서 함께 역사하사 그 따르는 표적으로 말씀을 확실히 증언하시니라 막 16:19,20

이 땅에 하나님나라를 이루기 위한 위임된 왕권은 오직 예수 그리스도의 이름으로만 사용할 수 있습니다. 위임된 왕권은 예수 그리스도의 몸 된 교회, 즉 하나님의 자녀들만이 예수 그리스도의 이름으로 사용할 수 있습니다.

그 날에는 너희가 아무것도 내게 묻지 아니하리라 내가 진실로 진실로 너희에게 이르노니 너희가 무엇이든지 아버지께 구하는 것을 내 이름으로 주시리라 지금까지는 너희가 내 이름으로 아무것도 구하지 아니하였으나 구하라 그리하면 받으리니 너희 기쁨이 충만하리라 요 16:23,24

또 내가 네게 이르노니 너는 베드로라 내가 이 반석 위에 내 교회를 세우리니 음부의 권세가 이기지 못하리라 내가 천국 열쇠를 네게 주리니 네가 땅에서 무엇이든지 매면 하늘에서도 매일 것이요 네가 땅에서 무엇이든지 풀면 하늘에서도 풀리리라 하시고 마 16:18,19

결론적으로 예수님은 하나님의 형상이시며 영광의 본체이십니다. 인자(人子)로 나타나신 하나님이십니다. 이 땅에 도래한 하나님의 나라가 바로 예수 그리스도의 나라입니다. 따라서 예수 그리스도가 없는 하나님나라가 존재할 수 없듯이 하나님나라가 없는 예수 그리스도 또한 있을 수 없습니다. 교회는 예수 그리스도께서 이 땅에 그의 나라를 이루기 위해서 주신 것입니다. 따라서 교회가 없는 하나님의 나라가 존재할 수 없듯이 하나님나라가 없는 교회도 존재할 수 없습니다. 그러나 안타깝게도 하나님나라의 실현 없이 예수 그리스도만을 믿는 교회가 여전히 존재합니다.

그가 우리를 흑암의 권세에서 건져내사 그의 사랑의 아들의 나라로 옮기셨으니 골 1:13

하나님 앞과 살아 있는 자와 죽은 자를 심판하실 그리스도 예수 앞에서 그가 나타나실 것과 그의 나라를 두고 엄히 명하노니 딤후 4:1

일곱째 천사가 나팔을 불매 하늘에 큰 음성들이 나서 이르되 세상 나라가 우리 주와 그의 그리스도의 나라가 되어 그가 세세토록 왕 노릇 하시리로다 하니 계 11:15

하나님께서 우리로 하여금 예수 그리스도 안에서 그의 나라를 이루기 원하시는 것은 바로 자녀에게 위임한 왕권을 다시 사용할 수 있게 하신다는 의미입니다. 그 위임된 왕권을 가지고 이 땅에 주의 나라를 다시 이루어가기 원하시기 때문입니다. 그것이 바로 상속자에게 준 유업입니다. 따라서 우리는 그 삶을 살기 위해서 현실과 상황과 자신에게 묶이는 삶이 아니라 하나님과의 생명적인 관계 안에서 그분이 주시는 기름부으심을 받고 무슨 말을 하든 무슨 일을 하든 예수 그리스도의 이름으로 행해야 합니다. 그것이 바로 예수님께서 우리에게 주신 천국 열쇠입니다.

4
예수 그리스도의 이름 안에 있는 나

성경에는 "예수 그리스도의 이름으로"라고 표현되지만, '으로'는 헬라어 '엔'이며 "안에서"라는 뜻입니다. 따라서 "예수 그리스도의 이름으로"라는 뜻은 "예수 그리스도 이름 안에서"라는 의미를 지니고 있습니다. 우리가 흔히 예수 그리스도의 이름으로 기도하거나 구할 때 그 이름을 마치 아버지께 무엇을 구하기 위한 수단인 것처럼 생각하는데, 이름은 어떤 일을 이루기 위한 수단이 아니라 관계를 의미합니다. 따라서 "예수 그리스도의 이름으로"라는 말은 예수 그리스도 안에 있는 것을 의미합니다. 우리 안에 계신 그분의 이름은 그분의 본성과 실재, 권세와 능력 전부를 나타냅니다. 그래서 예수님께서 "그 날 이후"에는 내 이름으로 무엇이든지 구하라고 말씀하신 것입니다.

> 하나님의 약속은 얼마든지 그리스도 안에서 예가 되니 그런즉 그로 말미암아
> 우리가 아멘 하여 하나님께 영광을 돌리게 되느니라 고후 1:20

> 너희가 내 안에 거하고 내 말이 너희 안에 거하면 무엇이든지 원하는 대로
> 구하라 그리하면 이루리라 요 15:7

예수 그리스도 안에 있는 자만이 "예수 그리스도의 이름으로"라고 말할 수 있습니다. 그런데 자신이 예수 그리스도 밖에 있으면서 자신이 원하는 것을 이루기 위한 수단으로 예수 그리스도의 이름을 사용하는 사람들이 너무 많습니다. 우리는 사도행전 19장 스게와의 일곱 아들의 이야기를 통해서 '예수 그리스도의 이름'이 어떻게 사용되는지 알 수 있습니다. 스게와의 일곱 아들은 예수 그리스도와 아무런 관계없이 단지 하나님으로부터 능력을 얻어내기 위한 수단으로 예수 그리스도의 이름을 사용했습니다.

> 하나님이 바울의 손으로 놀라운 능력을 행하게 하시니 심지어 사람들이 바울

의 몸에서 손수건이나 앞치마를 가져다가 병든 사람에게 얹으면 그 병이 떠나고 악귀도 나가더라 이에 돌아다니며 마술하는 어떤 유대인들이 시험 삼아 악귀 들린 자들에게 주 예수의 이름을 불러 말하되 내가 바울이 전파하는 예수를 의지하여 너희에게 명하노라 하더라 유대의 한 제사장 스게와의 일곱 아들도 이 일을 행하더니 악귀가 대답하여 이르되 내가 예수도 알고 바울도 알거니와 너희는 누구냐 하며 악귀 들린 사람이 그들에게 뛰어올라 눌러 이기니 그들이 상하여 벗은 몸으로 그 집에서 도망하는지라 행 19:11-16

사도 바울이 선포한 예수 그리스도의 이름과 스게와의 일곱 아들이 부른 예수 그리스도의 이름에는 어떤 차이가 있을까요? 우리는 이 말씀을 통해서 너무나 소중한 것을 배울 수 있습니다. ① 이미 언급한 바와 같이 예수 그리스도의 이름은 하나님으로부터 무언가를 얻어내기 위한 수단이 아니라 예수 그리스도와의 관계를 나타낸다는 것입니다. ② 예수 그리스도 밖에서 그 이름을 부르는 것은 단지 어떤 인간의 이름을 부르는 것과 동일합니다. 하지만 예수 그리스도 안에서 그분의 이름을 부르는 것은 그분 안에서 그분을 대신하여 하나님의 능력이 나타난다는 것입니다.

이런 일들은 오늘날에도 동일하게 일어나고 있습니다. 우리는 자기 마음의 생각으로 예수 그리스도의 이름을 부릅니다. 예를 들어 "내가 생각하는 예수 그리스도의 이름으로 명하노니… 더러운 질병아, 떠나갈지어다"라고 수없이 외쳐 부르지만 아무 일도 일어나지 않습니다. 그리고 왜 약속하신 말씀이 이루어지지 않는지 궁금해 합니다. 그러나 잘 생각해보십시오. 그것은 단지 지적 유희일 뿐입니다. 당신의 관념 안에 있는 예수 그리스도는 허상이지 실재가 아닙니다. 예수 그리스도 안에 사는 당신이 아닌, 예수 그리스도가 누구인지 알기만 하는 사람이 부르는 예수 그리스도의 이름은 아무런 권세도 능력도 없다는 것을 알아야 합니다. 즉 예수 그리스도 안에 새로운 피조물(속사람)로서 예수 그리스도의 이름을 부르지 않고, 단지 예수 그리스도를 믿는 자(겉사람)로서 예수 그리스도의 이름만 부른다고 해서 하나님의 뜻이 이루어지는 것은 아니라는 것입니다.

2천 년 전에 예수님은 이 땅에 인자(人子)로 오셨습니다. 따라서 예수님께서 공생애 사역을 하시던 그 당시에는 어떤 사람이라도 그 사람 자신이 예수님을 믿어야 합니다. 즉 '나'라는 인격체가 또 다른 인격체인 '예수'를 믿어야 한다는 것입니다. 이것을 영어로 표현하면 "the one who believe on Him (혹은 believe Him)"이 됩니다.

그러나 예수님께서 부활 승천하시고 보혜사 성령님이 임하신 이후는 어떻습니까? 누구든지 예수를 그리스도시요 살아 계신 하나님의 아들이시며 우리의 구원자이심을 믿는 자에게는 그리스도의 영을 통하여 그리스도께서 함께하십니다. 따라서 지금 우리가 예수 그리스도를 믿는다는 것은 예수 그리스도 안에 있다는 것을 의미합니다. 이것을 영어로 표현하자면 "the one who believe in Him"이 됩니다. 지금 우리가 예수 그리스도를 믿는다는 것은 결코 2천 년 전 예수님께서 인자로 계셨을 때처럼 우리의 마음으로 그분을 믿는다는 의미가 아니라는 것을 알아야 합니다.

2천 년 전에는 예수 그리스도를 믿는 자이지만 지금은 예수 그리스도 안에서 예수 그리스도의 이름으로 사는 자입니다. 이 진리를 제대로 이해하지 못하고 신앙생활을 하는 그리스도인들이 많습니다. 예수님께서는 2천 년 전에 인자로 이 땅에 계신 분이시지만 지금은 하늘에 올리우사 하나님 우편에 계시며 동시에 우리 안에 계시는 분이십니다.

> 하나님이 그들로 하여금 이 비밀의 영광이 이방인 가운데 얼마나 풍성한지를 알게 하려 하심이라 이 비밀은 너희 안에 계신 그리스도시니 곧 영광의 소망이니라 골 1:27

> 우리는 그가 만드신 바라 그리스도 예수 안에서 선한 일을 위하여 지으심을 받은 자니 이 일은 하나님이 전에 예비하사 엡 2:10

예수 그리스도께서 지금 우리 안에 계신다는 것은 상상할 수 없이 놀라운 일이 일어난 것입니다. 즉 우리가 예수 그리스도의 이름으로 주의 일을 행한다는 것은 2천 년 전 예수 그리스도께서 하나님 아버지의 이름으로 주의 일을 행하는 것과 동일한 의미를 지닙니다. 우리가 예수 그리스도의 이름으로 행할 때 아버지께서는 마치 당신의 아들 예수 그리스도가 아버지의 이름으로 행하는 것과 동일하게 여기신다는 것입니다. 이는 우리가 예수 그리스도와 동격이라는 뜻이 아니라, 예수 그리스도께서 우리를 온전히 통치하시는 만큼(자기를 부인하고 자기 십자가를 지는 만큼, 우리의 겉사람이 죽는 만큼) 하나님 아버지께서 우리를 통하여 주의 뜻을 행할 수 있다는 것입니다.

5
예수 그리스도 안에 있는 믿음

우리는 우리의 믿음으로 현실을 창조하고, 그 창조한 현실을 경험하며 살아갑니다. 그런데 우리는 환경과 처지 때문에 어쩔 수 없이 이렇게 산다고 생각합니다. 이것을 쉽게 이해하기 위해 세상에서 소위 위인이라고 불리는 사람들을 떠올려보십시오. 그들 중에는 하나님을 믿는 사람도 있고 혹은 믿지 않는 사람도 있었지만, 그들 모두의 공통점은 결코 자신과 환경을 있는 그대로 받아들이지 않고 자신의 신념으로 자신과 환경을 새롭게 바라보며 변화시켰던 사람들이라는 것입니다. 이 세상의 모든 것은 믿음의 법칙에 의해 움직여집니다.

믿음은 바라는 것들의 실상이요 보이지 않는 것들의 증거니 히 11:1

그런즉 자랑할 데가 어디냐 있을 수가 없느니라 무슨 법으로냐 행위로냐 아니라 오직 믿음의 법으로니라 롬 3:27

스스로 속이지 말라 하나님은 업신여김을 받지 아니하시나니 사람이 무엇으로 심든지 그대로 거두리라 갈 6:7

하나님께서는 그분의 뜻이 무엇인지 우리가 알도록 '말씀'을 주셨고 그 말씀대로 이루시기 위해서 우리에게 '믿음'을 주셨습니다. 그런데 타락한 후로 우리는 하나님께서 원하시는 것이 아니라 내가 원하는 것을 얻기 위해 세상에서 보고 듣고 마음에 품은 것을 믿기 시작했습니다. 그리고 마귀는 우리를 속여서 우리의 믿음이 지금의 현실을 만들고 있다는 것을 알지 못하도록 하고, 우리로 하여금 자신의 처지와 세상과 환경을 탓하게 하여 그것에 종노릇하게 만들었습니다. 마귀는 환경을 통하여 우리 마음을 통제함으로써 결국 우리가 그 환경 때문에 나 자신이 이렇게 될 수밖에 없다고 믿게 하는 것입니다. 이것이 바로 마귀의 거의 완벽한 속임수입니다.

우리는 너무 오랫동안 흑암의 권세 아래 살아왔습니다. 그렇기 때문에 모든 의식과 인식은 하나님이 없는 자신 그리고 지금 이 상태와 상황으로부터 시작됩니다. 따라서 우리는 마귀의 이 거대한 속임수를 깨닫지 못하고 단지 자신의 현실에서 벗어나고자 애씁니다. 이러한 사고방식은 불신자뿐 아니라 그리스도인들조차 동일하게 가지고 있습니다. 하나님의 자녀인 우리는 하나님께서 창조하신 원래 모습과 상태로 돌아가 새로운 피조물로서의 신분과 의식으로 살아야 합니다. 그리고 자신과 이 세상을 하나님의 뜻대로 회복시켜야 합니다. 이 삶을 살기 위해서는 성령님의 조명하심을 받아 다음과 같은 패러다임 전환이 필요합니다.

첫째, 당신 앞에 있는 문제를 해결하기 위해서 말씀(하나님)을 이용하는 어리석은 신앙생활을 하지 말라는 것입니다(그림 a). 우리는 거짓 자아를 자신이라고 생각하고 자신이 주의 말씀을 믿고 예수 그리스도의 이름으로 기도하기 때문에 하나님께서 나의 문제를 해결해주셔야 한다는 사고방식을 가집니다. 그런데 이런 식의 사고방식을 가진 자는 자신이 누구인지, 하나님께서 어디에 계신지, 그리고 말씀이 무엇인지 모른다고 해도 과언이 아닙니다.

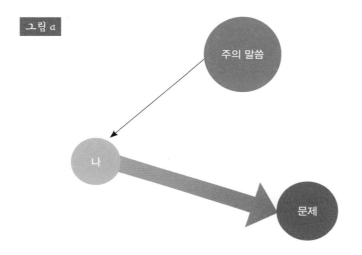

그림 a

주의 말씀

나

문제

둘째, 모든 생각과 사고, 감정과 느낌은 예수 그리스도 안에서 시
작해야 합니다. 정말로 구원받았다면 당신은 예수 그리스도 안에
서 새로운 피조물입니다. 당신의 처지와 상황이 어떠하더라도, 그리
고 그에 따른 당신의 생각과 감정이 어떠하든지 거기에 묶이지 말아
야 합니다. 왜냐하면 그 생각과 느낌은 당신이 아니기 때문입니다.
당신은 예수 그리스도 안에서 새로운 자아를 가진 온전한 하나님의
자녀입니다. 당신은 예수 그리스도의 이름으로 위임된 통치권을 사
용해야 하는 자입니다. 그러기 위해서는 문제를 자신의 방식대로 해
결하고자 하는 거짓 자아를 부인하고 그 문제를 주님께 맡기고 그
리스도 안에 있는 새로운 자아의식을 가져야 합니다(그림 b)

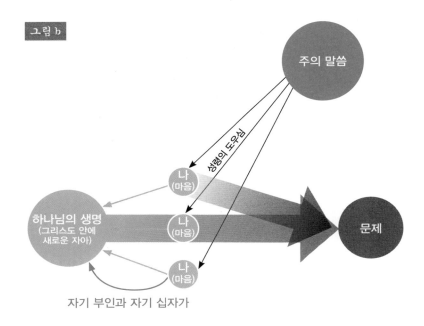

그림 b

주의 말씀

성령의 도우심

나
(마음)

하나님의 생명
(그리스도 안에
새로운 자아)

나
(마음)

문제

나
(마음)

자기 부인과 자기 십자가

아무것도 염려하지 말고 다만 모든 일에 기도와 간구로, 너희 구할 것을 감사함으로 하나님께 아뢰라 그리하면 모든 지각에 뛰어난 하나님의 평강이 그리스도 예수 안에서 너희 마음과 생각을 지키시리라 빌 4:6,7

셋째, 말씀으로 마음을 새롭게 하십시오. 중요한 것은 문제에 대한 당신의 생각이 아니라 하나님의 생각입니다. 당신의 생각이 하나님의 관점에서 볼 때 바른지 그른지를 알려주는 것이 바로 말씀입니다. 따라서 지금의 상황과 처지에 대한 당신의 생각과 감정이 중요한 것이 아니라 그 상황과 처지에 대해서 하나님께서 말씀으로 무엇이라고 하시는지가 중요합니다.

다시 말하지만 말씀은 당신 현실의 상황을 바꾸기 위해서 주신 것이 아니라 현실을 제대로 보지 못하는 우리의 마음을 새롭게 하기 위해서 주신 것입니다. 즉, 문제를 보는 당신의 마음이 하나님의 마음과 얼마나 일치되지 않는지를 알도록 하기 위함이며, 그 말씀을 통하여 하나님의 마음에 당신의 마음을 일치시킴으로써 당신을 의롭게 하여 주의 뜻이 이루어지도록 하기 위함입니다(그림 c-①).

하나님의 말씀은 살아 있고 활력이 있어 좌우에 날선 어떤 검보다도 예리하여 혼과 영과 및 관절과 골수를 찔러 쪼개기까지 하며 또 마음의 생각과 뜻을 판단하나니 히 4:12

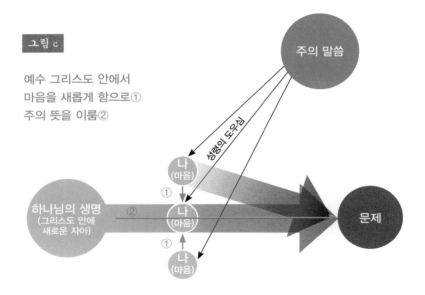

그림 c

예수 그리스도 안에서
마음을 새롭게 함으로①
주의 뜻을 이룸②

주의 말씀

성령의 도우심

나
(마음)

①

하나님의 생명
(그리스도 안에
새로운 자아)

②

나
(마음)

①

나
(마음)

문제

넷째, 이제 예수 그리스도 안에 새로운 자아에 연결된 우리의 영혼은 그리스도의 의식을 가지고 이미 하나님나라에서 성취된 말씀으로 지금의 왜곡되고 변질된 상황과 처지를 하나님의 뜻대로 변화시켜야 합니다(그림 c-②).

믿음으로 모든 세계가 하나님의 말씀으로 지어진 줄을 우리가 아나니 보이는 것은 나타난 것으로 말미암아 된 것이 아니니라 히 11:3

따라서 성령 안에서 말씀대로 이루어진 것을 마음판에 그려보십시오. 과거처럼 말씀에 대한 자신의 판단(생각이나 느낌)을 마음에 그리는 것이 아니라, 오직 성령 안에서 말씀대로 이루어진 것을 마음판에 그릴 때 주의 뜻이 이루어집니다. 지금 처해 있는 현실과 상황이 아니라 아직 나타나지 않았고 보이지 않지만 말씀에 기초하여 하나님께서 이미 이루신 것을 마음판에 그리라는 것입니다.

믿음은 바라는 것들의 실상이요 보이지 않는 것들의 증거니 히 11:1

기록된 바 하나님이 자기를 사랑하는 자들을 위하여 예비하신 모든 것은 눈으로 보지 못하고 귀로 듣지 못하고 사람의 마음으로 생각하지도 못하였다 함과 같으니라 오직 하나님이 성령으로 이것을 우리에게 보이셨으니 성령은 모든 것 곧 하나님의 깊은 것까지도 통달하시느니라… 우리가 세상의 영을 받지 아니하고 오직 하나님으로부터 온 영을 받았으니 이는 우리로 하여금 하나님께서 우리에게 은혜로 주신 것들을 알게 하려 하심이라 고전 2:9-12

지금 언급한 이러한 사고방식과 그에 따른 믿음은 예수 그리스도를 믿는 자들이 가질 수 있는 믿음이 아닙니다. 오직 예수 그리스도 안에 있는 자들이 성령을 통하여 체험적으로 가질 수 있는 믿음입니다. 성경에서는 이러한 믿음을 '예수 그리스도 안에 있는 믿음'이라고 말씀하고 있습니다.

또 어려서부터 성경을 알았나니 성경은 능히 너로 하여금 그리스도 예수 안에 있는 믿음으로 말미암아 구원에 이르는 지혜가 있게 하느니라 모든 성경은 하나님의 감동으로 된 것으로 교훈과 책망과 바르게 함과 의로 교육하기에 유익하니 이는 하나님의 사람으로 온전하게 하며 모든 선한 일을 행할 능력을 갖추게 하려 함이라 딤후 3:15-17

그 이름을 믿으므로 그 이름이 너희가 보고 아는 이 사람을 성하게 하였나니 예수로 말미암아 난 믿음이 너희 모든 사람 앞에서 이같이 완전히 낫게 하였느니라 행 3:16

이 믿음은 단지 성경을 통하여 디모데후서 3장 16절의 말씀뿐만 아니라 17절의 말씀 또한 이루어지게 합니다. 흔히 우리가 예수 그리스도를 생각하거나 그분의 이름을 부를 때 그 주체는 내 마음(거짓 자아 또는 겉사람)의 의식일 뿐입니다. 그렇지만 하나님의 자녀인 우리가 알아야 할 진리는 우리는 은혜와 진리로 이미 그리스도 안에 존재하고 있다는 것입니다. 따라서 자녀의 믿음은 내가(거짓 자아 또는 겉사람) 예수 그리스도를 믿는 것이 아니라 예수 그리스도 안에서 속사람이 그분 안에 있는 믿음으로 자신의 마음(거짓 자아 또는 겉사람)을 새롭게 하는 것입니다.

그분은 우리의 표면의식을 초월한 곳에 실재하시며, 그분은 우리의 영 안에서 우리의 혼에 개입하기를 원하십니다. 따라서 예수 그리스도의 이름으로 말할 때 자신의 겉사람을 부인하고 예수 그리스도 안에 있다는 것을 알아야 합니다. 그것은 거짓 자아의 생각이나 느낌과 상관없이 주의 말씀을 예수 그리스도의 이름으로 선포할 때 일어납니다. 그럴 때 내 거짓 자아(마음 또는 겉사람)가 그분의 이름으로 순복하게 되고, 더 이상 주의 말씀을 믿으려고 하는 것이 아니라 선포되는 말씀이 믿어지기 시작하는 것입니다.

그런데 안타까운 사실은 그리스도 안에 있는 속사람이 주체가 되는 것이 아니라 우리 자신(거짓 자아 또는 겉사람)이 믿음을 가지려고, 즉 주의 말씀을 믿고자 애를 쓴다는 것입니다. 그것이 바로 타락한 거짓 자아의 행태이자 한계입니다. 마귀와 거짓 자아의 속임수에 속지 마십시오. 당신은 이미 예수 그리스도 안에 존재하고 있습니다. 당신의 마음(거짓 자아 또는 겉사람)으로 당신이 변했다는 것을 이해하거나 증명하려고 애쓰지 마십시오. 당신의 마음은 결코 당신의 변화를 이해하거나 증명할 수 없습니다. 당신이 변한 것을 증명할 수 있는 유일한 방법은 당신 안에 계신 하나님께서 당신의 마음을 통해 나타나시는 것입니다. 즉 속사람이 겉사람을 뚫고 나타날 때입니다. 구원받은 하나님의 자녀는 거짓 자아(마음 또는 겉사람)가 믿는 것을 말하는 자가 아니라 그리스도께서 말씀하시는 것을 믿는 자입니다.

내 마음이 믿으려고 애쓰는 것이 아니라 내 영이 그리스도 안에 있는 믿음을 나타내는 것입니다. 우리가 하나님의 은혜를 누리지 못하는 것은 우리 마음의 잘못된 생각과 감정과 의지 때문입니다. 그러나 우리는 더 이상 혼적인 존재가 아니라 예수 그리스도 안에 있는 영적인 존재로서 하나님을 나타내는 존재입니다. 더 이상 자신의 거짓 자아로 하나님의 말씀을 믿으려고 애쓰지 마십시오. 당신이 영적 존재라면 하나님의 말씀을 믿는 자가 아니라 이루는 자가 되어야 합니다.

마귀는 우리를 속이고 있습니다. 우리가 우리의 생각과 감정으로부터 빠져나오지 못하도록 만들고 있습니다. 우리가 생각과 감정에 묶여 있기를 원하고, 더 나아가 그것이 자신이라고 생각하도록 만들고 있습니다. 그리고 거기서 벗어나지 못하도록 끊임없이 온갖 책략을 쓰고 있습니다. 그러나 당신은 더 이상 구원받기 전의 당신이 아닙니다. 당신은 하나님의 자녀로서 하나님의 말씀을 이루는 자이고 그 말씀의 실재를 누리며 경험하는 자입니다.

자신의 마음으로 말씀을 믿으려고 애쓰기 때문에 마귀가 역사하는 것입니다. 그 상태에서는 믿으려고 애쓰면 애쓸수록 하나님의 말씀은 이루어지지 않습니다. 왜냐하면 혼의 수준에서 분투하고 있기 때문입니다. 마귀는 그 차원에 합법적인 권세를 가지고 있습니다. 마귀의 통치권 밖으로 나가십시오. 그리스도 안에 있는 당신의 새로운 자아는 더 이상 마귀의 통치 안에 있지 않습니다. 당신은 예수 그리스도 안에 영적 존재입니다. 영적 존재만이 혼적 존재를 통치할 권세를 갖게 됩니다. 당신의 혼을 주의 말씀에 복종시킴으로 당신의 혼에 영향을 미치는 마귀의 일을 멸해야 합니다. 그리고 하나님의 뜻이 당신을 통하여 나타나도록 해야 합니다.

겉사람은 거짓 자아가 주체가 되어 말씀으로 자신의 마음을 지키고자 하는 자입니다. 그러나 속사람은 그리스도 의식으로 말씀으로 자신의 마음을 새롭게 하는 자입니다.

다음의 도표를 보고 당신이 겉사람의 사고방식으로 사는지, 아니면 속사람의 사고방식으로 사는지 점검해보시기 바랍니다.

	겉사람(거짓자아)의 사고방식	속사람(그리스도 안에 있는 새로운 자아)의 사고방식
존재	그리스도 밖에	그리스도 안에
에너지 근원	육과 혼의 에너지로	하나님의 생명 에너지로
의식	죄의식과 두려움	하나님의 의 의식과 사랑
	자신의 행위에 기초한	하나님의 은혜에 기초한
	판단과 정죄에 기초한	용서에 기초한
	분리에 기초한	연합에 기초한
문제 태도	내 문제를 해결하는	하나님의 뜻을 해결하는
필요	나의 욕구를 채우는	하나님의 사랑을 나타내는
믿음	나(겉사람)의 믿음	예수 그리스도 안에 있는 믿음
어떻게	하나님으로부터 얻어내는	그리스도 안에서 말씀을 이루는
삶	나의 하루	하나님의 하루

1. 이름은 그 사람의 생명, 본질, 인격 등 그 사람 자체를 나타냅니다. 예수 그리스도의 이름은 무엇을 의미합니까?

- 삼위일체 하나님의 성자 하나님이신 예수 그리스도 (마 3:16,17 ; 히 1:3)

- 우리의 죄와 질병을 대속하시는 예수 그리스도 (사 53:5 ; 마 8:17 ; 벧전 2:24)

- 피조 세계의 모든 이름을 무릎 꿇게 하신 예수 그리스도 (엡 1:21,22 ; 빌 2:6-11)

- 지금도 우리와 함께하시는 예수 그리스도 (마 18:20 ; 마 28:20)

2. 빌립(행 8:12)과 사도 바울(행 28:31)이 전한 '하나님나라와 예수 그리스도'에 대한 복음을 자신의 말로 설명해보십시오.

- 하나님께서는 이 땅에 자녀를 창조하시고, 위임된 왕권을 주시고, 주의 통치(하나님의 나라)를 이루기 원하셨습니다. (창 1:26-28 ; 창 2:7)

- 자유 의지를 가진 인간은 마귀에게 속아 죄를 지어 타락했고 자신이 누구인지 알지 못하고 육적 존재로 마귀의 종 노릇을 하며 어둠의 나라 (kingdom of darkness)에서 살았습니다. (엡 2:1,2)

- 하나님께서는 예수 그리스도를 보내주셔서 하나님의 나라(kingdom of God)를 알려주셨고, 예수 그리스도를 믿는 자의 죄를 사하시고 보혜사 성령님을 보내주셔서 그들로 하여금 다시 영생을 누리는 하나님의 자녀가 되게 하셨습니다. (막 1:15 ; 요 3:16 ; 히 2:11 ; 요일 5:11,12)

- 하나님께서는 말씀과 성령을 통하여 늘 자녀의 마음을 새롭게 하셔서, 그들로 하여금 예수 그리스도 안에서 하나님의 형상을 회복하게 하시고, 본래 지으신 뜻대로 이 땅을 다스리도록 하기 위해서 교회를 주셨습니다. (마 6:33 ; 요 3:17 ; 마 16:18,19)

- 교회가 하나님의 이름으로 믿는 자에게 세례를 주고, 하나님나라의 복음을 모든 민족에게 전할 때 예수님께서 다시 재림하시고, 우리와 함께 친히 그의 나라를 통치하십니다. (마 28:19 ; 마 24:14 ; 눅 22:29,30 ; 계 5:10)

3. 베드로가 오순절 날 이후로 담대히 복음을 전하고 기적을 행한 비밀이 무엇입니까?

- 베드로는 자신의 권능과 경건이 아니라고 했습니다. (행 3:6-8 ; 행 3:12)

- 성령의 능력 안에서 자신이 누구인지 알게 된 후, 그 능력에 힘입어 그 일을 행했다고 했습니다. (행 1:8 ; 행 2:33 ; 행 2:38,39)

- 예수 그리스도의 이름이 그 일을 행할 수 있게 했다고 증거했습니다. (행 3:16)

- 예수 그리스도로 말미암아 난 믿음이 그 일을 행할 수 있게 했다고 증거했습니다. (행 3:16)

4. 당신은 지금 예수 그리스도 안에 있습니까? 아니면 밖에 있습니까? 예수 그리스도 안에 있는 믿음이 있습니까? 말씀으로 자신의 마음을 새롭게 한다는 것이 무엇인지 체험하고 있습니까?

● 우리가 말씀을 읽고 묵상하는데도 자신의 삶이 변화되지 않는 것은 마음이 새롭게 되지 않았기 때문입니다. 그것은 주의 말씀을 믿는 대신에 주의 말씀에 대한 자신의 생각을 믿기 때문입니다.

● 주의 말씀으로 자신을 변화시키기 위해서는 판단보다 순종이 앞서야 합니다. 그것은 "내가 믿습니다"라는 식으로 자신이 주체가 되어 주의 말씀을 받아들이는 것이 아니라 "주의 말씀이 내게 이루어졌습니다"라고 고백함으로 그리스도께서 나를 통하여 그분의 일을 이루셨다는 태도를 말합니다.

chapter 7

예수 그리스도의
이름으로 살자

하나님나라에서
예수 그리스도의 이름으로
사는 자

1

예수 그리스도의 이름으로 산다는 것은?

하나님께서 모세에게 애굽으로 돌아가 바로 앞에서 이적을 행하라
고 명하셨을 때 '하나님의 지팡이'(출 4:20)를 주신 것처럼 하나님의
자녀인 우리가 이 세상으로 나아갈 때 하나님께서 주신 것이 바로
'예수 그리스도의 이름'입니다. 말씀의 실체가 예수 그리스도의 이름
으로 나타나는 것이, 우리의 지성과 감정에 호소하는 수백 편의 설
교보다 더 가치 있다는 것을 깨달아야 합니다. 하나님의 나라는 말
에 있지 않고 능력에 있다고 했습니다. 하나님의 능력이 나타나지
않는 공허한 글과 말들이 원수의 조롱거리밖에 되지 않는 것이 지금
우리의 현실입니다.

　하나님의 자녀인 우리는 오직 예수 그리스도의 이름으로 사는 자
입니다. 예수 그리스도의 이름으로 일하고, 예수 그리스도의 이름으
로 말하고, 예수 그리스도의 이름으로 주의 뜻을 이루고, 예수 그리
스도의 이름으로 하나님께 영광 올려드리는 자입니다. 왜냐하면 우
리는 우리를 나타내는 자가 아니라 우리 안에 계시는 예수 그리스도
를 나타내는 자이기 때문입니다. 우리는 예수 그리스도의 이름으로
자신의 능력 이상의 삶을 살아야 합니다. 그런데 왜 그런 일이 일어

나지 않습니까? 그것은 예수 그리스도의 이름으로 그분의 생명이 나타나도록 하는 대신에 이성적 교육으로 대치하고 있기 때문입니다. 우리에게 필요한 것은 그 이름이 누구인지에 대해서 배우는 것이 아니라 그 이름 안에서 사는 법을 체험하는 것입니다.

우리는 예수 그리스도의 이름만으로 만족하고, 뿌듯하고, 좋은 기분을 느낍니까? 우리가 가진 예수 그리스도의 이름이 뒷주머니 지갑 속에 들어 있는 돈보다 더 실제적이고 귀하게 여겨지고 있습니까? 그리스도인의 삶이 지금 정상인지 아닌지는 우리가 얼마나 예수 그리스도의 이름으로 살고 있는지에 달려 있다고 해도 과언이 아닙니다.

우리가 예수 그리스도의 이름으로 산다는 것은 세상에 대하여, 하나님에 대하여, 나 자신에 대하여 놀랍고 경이로운 메시지를 전하고 있는 것입니다.

세상에 대하여

우리가 예수 그리스도의 이름으로 주의 뜻을 행할 때마다 우리는 세상에 예수님께서 받으신 수치와 고통의 의미와 그가 받으신 영광을 알리는 것입니다. 그것은 우리가 예수 그리스도에 대해 전하는 것이 아니라 예수 그리스도를 나타내는 자가 되는 것입니다. 무슨 일에나 말에나 예수 그리스도의 이름으로 행한다는 것은 우리가 예수 그리스도의 편지요, 향기요, 시청각 교재가 된다는 것입니다. 이

것이 은혜와 진리 전도입니다.

> 항상 우리를 그리스도 안에서 이기게 하시고 우리로 말미암아 각처에서 그리스도를 아는 냄새를 나타내시는 하나님께 감사하노라 우리는 구원 받는 자들에게나 망하는 자들에게나 하나님 앞에서 그리스도의 향기니 고후 2:14,15

> 너희는 우리로 말미암아 나타난 그리스도의 편지니 이는 먹으로 쓴 것이 아니요 오직 살아 계신 하나님의 영으로 쓴 것이며 또 돌판에 쓴 것이 아니요 오직 육의 마음판에 쓴 것이라 고후 3:3

하나님에 대하여

하나님의 자녀인 우리가 어떻게 하면 이 땅에서 하나님께서 받으시기에 합당한 영광을 올려드릴 수 있을까요? 다른 말로, 하나님께서 가장 기뻐하시는 일이 무엇일까요? 우리가 예수 그리스도 안에서 하나님의 형상을 회복하고 그분의 영광을 드러내는 것입니다. 그 일은 예수 그리스도의 이름을 부르고 그 이름으로 주의 일을 행함으로써 하나님께 영광 올려드림으로써 이루어지는 것입니다.

> 그러므로 우리는 예수로 말미암아 항상 찬송의 제사를 하나님께 드리자 이는 그 이름을 증언하는 입술의 열매니라 히 13:15

너희가 내 이름으로 무엇을 구하든지 내가 행하리니 이는 아버지로 하여금 아들로 말미암아 영광을 받으시게 하려 함이라 요 14:13

범사에 우리 주 예수 그리스도의 이름으로 항상 아버지 하나님께 감사하며 엡 5:20

나 자신에 대하여

우리가 율법을 지킴으로 의롭다 함을 받는 옛 언약 가운데 있는 것이 아니요 하나님의 은혜로 오직 예수 그리스도를 믿음으로 새 언약 안에 거한다는 것을 아는 것입니다. 그것은 예수 그리스도를 믿음으로 거듭난 자가 의롭다 함을 받은 마음의 할례입니다.

율법 안에서 의롭다 함을 얻으려 하는 너희는 그리스도에게서 끊어지고 은혜에서 떨어진 자로다 우리가 성령으로 믿음을 따라 의의 소망을 기다리노니 그리스도 예수 안에서는 할례나 무할례나 효력이 없으되 사랑으로써 역사하는 믿음뿐이니라 갈 5:4-6

그것은 예수 그리스도의 피와 살에 동참함으로 죄 사함을 받고 그분의 생명 안에 거하는 새 언약입니다.

내 살을 먹고 내 피를 마시는 자는 영생을 가졌고 마지막 날에 내가 그를 다시 살리리니 내 살은 참된 양식이요 내 피는 참된 음료로다 내 살을 먹고 내 피를 마시는 자는 내 안에 거하고 나도 그의 안에 거하나니 요 6:54-56

우리가 예수 그리스도의 이름으로 산다는 것은 ① 예수 그리스도의 이름 때문에 내가 누구인지 아는 것이고, ② 예수 그리스도의 이름을 사용하여 주의 뜻을 나타낼 수 있다는 것을 아는 것입니다.

예수 그리스도의 이름을 부를 때마다 자신이 더 이상 육적 존재가 아니라 영생을 얻은 초월적 존재로서 모든 두려움과 죄책감으로부터 자유케 된 존재임을 인식하는 것이며, 예수 그리스도 안에서 하나님의 생명을 나누는 자임을 인식하는 것입니다. 다른 말로, 자신이 하나님의 무한하신 사랑과 절대적인 지지와 세밀한 인도하심을 받는 존재라는 것을 의식하는 것입니다.

하나님이 우리를 구원하사 거룩하신 소명으로 부르심은 우리의 행위대로 하심이 아니요 오직 자기의 뜻과 영원 전부터 그리스도 예수 안에서 우리에게 주신 은혜대로 하심이라 딤후 1:9

또한 예수 그리스도 안에 있는 자만이 "예수 그리스도의 이름으로"라고 말할 수 있습니다. 당신은 예수 그리스도 밖에 있는 자입니까? 아니면 예수 그리스도 안에 있는 자입니까? 예수 그리스도의 이름을 사용할 때마다 우리는 더 이상 육적 존재가 아닌 영적 존재임을 스스로 확인하는 것입니다. 하나님을 나타내는 거룩한 존재로서 위임된 왕권을 사용하는 것을 인식하는 것입니다.

너희가 내 안에 거하고 내 말이 너희 안에 거하면 무엇이든지 원하는 대로 구하라 그리하면 이루리라 요 15:7

다시 한번 생각해보십시오. 우리가 이 세상 사람들과 구별되는 것이 무엇입니까? 세상 사람들은 마귀의 통치 아래 자신들의 이름으로 살아가는 반면 우리는 하나님의 통치 아래 예수 그리스도의 이름으로 살아가야 합니다.

하나님이 그들로 하여금 이 비밀의 영광이 이방인 가운데 얼마나 풍성한지를 알게 하려 하심이라 이 비밀은 너희 안에 계신 그리스도시니 곧 영광의 소망이니라 골 1:27

너희가 서로 거짓말을 하지 말라 옛 사람과 그 행위를 벗어 버리고 새 사람을 입었으니 이는 자기를 창조하신 이의 형상을 따라 지식에까지 새롭게 하심을 입은 자니라 골 3:9,10

그러나 너희는 택하신 족속이요 왕 같은 제사장들이요 거룩한 나라요 그의 소유가 된 백성이니 이는 너희를 어두운 데서 불러내어 그의 기이한 빛에 들

어가게 하신 이의 아름다운 덕을 선포하게 하려 하심이라 벧전 2:9

우리는 흔히 구원을 이루어가는 삶을 어떻게 살아야 하는지 논쟁을 벌이곤 합니다. 어떤 사람이 정말 성화되어가는 삶을 살아가는지 어떻게 알 수 있습니까? ① 그 사람이 모든 일을 할 때 누구의 이름으로 하는지 보면 알 수 있습니다. ② 말씀에 따른 실체가 나타나는지를 보면 알 수 있습니다. 이 두 가지는 서로 불가분의 관계를 지니고 있습니다. 두려워하지 말고, 무슨 일을 하든지 무슨 말을 하든지 예수 그리스도의 이름으로 시작하십시오. 하나님의 자녀인 우리는 그분의 이름으로만 살 수 있는 존재입니다.

2

어떻게 해야 예수 그리스도 이름의 능력을 나타낼 수 있는가?

혹시 지금 당신의 상황이, "이렇게 주님을 위해 열심히 살고자 하는데 왜 나는 되는 일이 없을까?", "열심히 신앙생활을 하는데 왜 내 삶에 열매가 없는가?", "얼마나 더 헌신하고 노력해야 이 상황을 탈출

할 수 있을 것인가?", "성경을 읽고 묵상하고 암송하고 삶에 적용하는데도 왜 되는 일이 없지?"라는 생각으로 힘들어하고 있지는 않습니까? 도대체 어디서부터 무엇을 어떻게 해야 할지 모르겠고 더 이상 길이 보이지 않는 막다른 골목에 다다랐다고 생각한다면, 하나님께서 당신을 신앙의 다음 여정으로 인도하고 계시는 시기일 가능성이 큽니다. 마침내 기적을 경험할 때가 되었다는 의미입니다.

먼저 예수 그리스도 안에 거하고 행하라

예수님께서는 우리가 이 땅에서 어떻게 열매 맺고 살아갈 수 있는지에 대해 비유로 말씀하셨습니다. 예수님은 포도나무이시고 우리는 가지라고 말씀하셨습니다.

나는 포도나무요 너희는 가지라 그가 내 안에, 내가 그 안에 거하면 사람이 열매를 많이 맺나니 나를 떠나서는 너희가 아무것도 할 수 없음이라(I am the vine; you are the branches. Those who remain in me, and I in them, will produce much fruit. For apart from me you can do nothing, NLT) 요 15:5

우리는 어떻게 열매를 맺을 것인가에 초점을 두고 살아갑니다. 하지만 사실은 우리가 포도나무에 얼마나 잘 붙어 있는가에 초점을 두는 삶을 살아야 합니다. 가지가 포도를 생산하는(producing) 것이 아니라 포도나무에 붙어 있을 때 포도가 맺히게(bearing) 됩니다. 가지가 아무리 애를 쓴다고 해도 포도 열매를 생산할 수는 없습니다. 마찬가지로 우리가 아무리 노력한다고 해도 어떤 것을 생산할 수 없습니다. 당신이 지금 포도나무에 붙어 있지 않기 때문에 열매가 맺히지 않는다는 것을 알아야 합니다. 그것은 다른 말로 여전히 거짓 자아가 자신이라고 믿고, 스스로 무엇인가 행하느라 하나님의 도움을 구하는 것과 같습니다. 우리는 반드시 이런 행위보상적인 사고방식을 버려야 합니다.

자신이 최선을 다해 할 수 있는 일은 모두 다 해보았지만 아무 일도 일어나지 않는다면, 그것은 당신의 노력이 부족해서가 아니라 가지가 포도나무에 제대로 붙어 있지 않다는 뜻입니다. 마귀는 우리의 마음을 눈앞에 보이는 일과 상황과 문제에 묶어놓기 원하지만 예수님은 우리가 먼저 예수 그리스도 안에 있기를 원하십니다.

우리는 은혜의 보좌로 나아가는 자기부인이라는 믿음 대신에 성공을 위해 믿음의 공식을 적용하는 경우가 너무 많습니다. 우리에게는 자신의 최선의 방법을 추구하는 대신에 하나님에 대한 전적인 신뢰가 필요합니다. 그렇다면 아무것도 하지 말고 믿기만 하라는 말이냐고 반문할지도 모르겠습니다. 그러나 그리스도 안에서 열심을 내는 것과 그리스도 밖에서 열심을 내는 것은 다른 것입니다.

하나님이 그들로 하여금 이 비밀의 영광이 이방인 가운데 얼마나 풍성한지를

알게 하려 하심이라 이 비밀은 너희 안에 계신 그리스도시니 곧 영광의 소망
이니라 우리가 그를 전파하여 각 사람을 권하고 모든 지혜로 각 사람을 가르
침은 각 사람을 그리스도 안에서 완전한 자로 세우려 함이니 이를 위하여 나
도 내 속에서 능력으로 역사하시는 이의 역사를 따라 힘을 다하여 수고하노
라 골 1:27-29

복음의 비밀은 우리 안에 계신 예수 그리스도이십니다. 따라서 자
신이 하나님으로부터 무엇인가 받아내기 위해서 헌신과 행위로 열심
을 내는 것이 아니라 이미 자신 안에서 이루어진 주의 말씀을 성령의
도우심으로 나타내기 위해서 열심을 낸다는 것입니다.

우리가 그를 힘입어 살며 기동하며 존재하느니라(for in Him we live and
move and exist) 너희 시인 중 어떤 사람들의 말과 같이 우리가 그의 소생
이라 하니 행 17:28

그러므로 너희가 그리스도 예수를 주로 받았으니 그 안에서 행하되 골 2:6

올바른 기도를 하라

그리스도인이 가진 영원한 숙제 같은 것이 바로 응답되지 않는 기
도입니다. 우선 기도에 대한 기본적인 생각을 다시 한번 점검해보십
시오. 하나님께서는 인간을 하나님의 형상을 따라 그분의 모양대로

창조하셨고, 위임된 왕권을 주시며 하나님의 자녀로 하여금 이 땅을 다스리도록 하셨습니다. 아담과 하와가 죄를 짓기 전에는 기도라는 것이 없었습니다. 그냥 하나님과 자연스럽게 대화하였습니다. 그러나 우리가 죄를 짓고 타락한 후 하나님의 영이 떠났으며, 그 결과 하나님과 온전히 교통할 수 없게 되었고, 이 땅을 다스릴 권세를 잃어버렸습니다. 그 후 마귀가 우리 안에 들어왔고, 우리는 마귀의 성품을 나타내는 존재로 하나님의 음성보다 마귀의 음성을 듣는 존재로 전락했습니다. 그 결과 우리 대신에 공중의 권세 잡은 자, 세상 신이 이 땅을 다스리게 되었습니다.

마침내 때가 이르러 하나님께서는 예수 그리스도를 이 땅에 보내 주셨고, 타락 전 하나님께서 이루신 하나님나라를 알려주시고, 예수 그리스도를 통하여 우리가 하나님이 본래 창조하신 의도대로 하나님의 통치 아래 하나님의 자녀로 살아갈 수 있는 길을 여셨습니다. 그리고 예수 그리스도를 통하여 이루신 약속의 말씀을 주셨습니다. 그 약속의 말씀이 무엇인지 알고, 그 말씀을 통해 하나님 아버지를 만나고, 생명의 말씀을 이 땅에 실체로 이루는 사명 또한 우리에게 주셨습니다. 그리고 이제부터는 하나님께서 친히 이 땅의 모든 일에 개입하셔서 주의 뜻을 이루겠다고 말씀하셨습니다. 그것을 어떻게 이룰 수 있습니까? 바로 기도를 통해서입니다.

그렇다면 하나님의 자녀에게 있어서 기도란 무엇입니까?

① 기도는 자기 생각과 마귀에게서 벗어나는 유일한 수단입니다.

② 기도는 하나님의 마음을 알 수 있는 유일한 수단입니다.

③ 기도는 하나님께서 이 땅에 개입하시도록 허용하는 유일한 수단입니다.

기도하지 않으면 우리는 자신을 바꿀 수 없습니다. 우리가 기도하지 않으면 하늘의 뜻을 알 수 없습니다. 우리가 기도하지 않으면 하나님께서 이 땅의 사건에 개입하실 수 없습니다.

예수님께서 가르쳐주신 위대한 기도를 생각해보십시오.

> 그러므로 너희는 이렇게 기도하라 하늘에 계신 우리 아버지여 이름이 거룩히 여김을 받으시오며 나라가 임하시오며 뜻이 하늘에서 이루어진 것같이 땅에서도 이루어지이다 마 6:9,10

기도를 하나님으로부터 무언가 얻어내기 위한 수단으로 생각하는 구약적 사고방식에서 벗어나 하나님께서 이 땅에 그분의 뜻을 이루시도록 허용하는 유일한 수단이라는 하나님나라의 사고방식으로 이해하시기 바랍니다. 하나님나라 안에서 드리는 기도는 하나님께서 이 땅에 개입하여 역사하시도록 하는 자녀의 특권입니다. 성령님께서는 우리로 하여금 하나님의 뜻에 따라 기도하게 하시고, 우리를 통하여 이 땅에 우리의 뜻이 아닌 하나님의 뜻을 이루어 가십니다. 하나님께서는 이 땅을 다스리는 권세를 오직 육신을 가진 자녀에게만 주셨습니다. 하나님께서는 그분이 지으신 그분의 자녀 없이는 이 땅을 다스릴 수 없습니다. 그래서 하나님께서는 지금도 그분의 뜻을 행할 그분의 자녀를 찾고 계십니다. 우리가 바로 그 자녀들입니다.

> 그 날에는 너희가 아무것도 내게 묻지 아니하리라 내가 진실로 진실로 너희에게 이르노니 너희가 무엇이든지 아버지께 구하는 것을 내 이름으로 주시리라 지금까지는 너희가 내 이름으로 아무것도 구하지 아니하였으나 구하라 그리하면 받으리니 너희 기쁨이 충만하리라 요 16:23,24

> 그 날에 너희가 내 이름으로 구할 것이요 내가 너희를 위하여 아버지께 구하겠다 하는 말이 아니니 이는 너희가 나를 사랑하고 또 내가 하나님께로부터 온 줄 믿었으므로 아버지께서 친히 너희를 사랑하심이라 요 16:26,27

> 볼지어다 내가 내 아버지께서 약속하신 것을 너희에게 보내리니 너희는 위로부터 능력으로 입혀질 때까지 이 성에 머물라 하시니라 눅 24:49

> 모든 기도와 간구를 하되 항상 성령 안에서 기도하고 이를 위하여 깨어 구하기를 항상 힘쓰며 여러 성도를 위하여 구하라 엡 6:18

언제부터 하나님의 자녀가 기도를 통하여 하나님의 뜻을 이루는 것이 가능해졌습니까? 바로 우리 주 예수 그리스도께서 승천하시고, 하나님의 보좌 우편에 앉으셔서 모든 영광을 받으시고, 하나님 아버지께서 예수님의 이름으로 보내신 성령님이 모든 믿는 자들의 심령에 임한 오순절부터입니다. 그때부터 우리는 성령님 안에서 하나님과 우리의 중재자이신 예수 그리스도의 이름으로 기도할 수 있습니다.

> 주 예수께서 말씀을 마치신 후에 하늘로 올려지사 하나님 우편에 앉으시니라 제자들이 나가 두루 전파할새 주께서 함께 역사하사 그 따르는 표적으로 말씀을 확실히 증언하시니라 막 16:19,20

주님께서 우리와 어떻게 함께 역사할 수 있습니까? 바로 예수 그리스도의 이름으로 행하는 기도를 통해서입니다. ① 하나님의 자녀가 됨, ② 성령님의 통치하심, ③ 예수 그리스도 이름의 사용권이 주어짐, 이 세 가지가 이루어진 때가 바로 사도행전 2장에 나오는 오순절 날에 성령님이 강림하셨을 때입니다. 그 날 이후로 하나님의 자녀가 된 사도들과 제자들은 그들 안에 역사하시는 성령님의 인도하심을 따라 예수 그리스도의 이름으로 기도함으로 주의 뜻을 이루어나가기 시작했습니다. 그 놀라운 하나님의 역사의 기록이 바로 사도행전입니다.

> 보혜사 곧 아버지께서 내 이름으로 보내실 성령 그가 너희에게 모든 것을 가르치고 내가 너희에게 말한 모든 것을 생각나게 하리라 요 14:26

오직 성령이 너희에게 임하시면 너희가 권능을 받고 예루살렘과 온 유대와 사마리아와 땅 끝까지 이르러 내 증인이 되리라 하시니라 행 1:8

하나님이 오른손으로 예수를 높이시매 그가 약속하신 성령을 아버지께 받아서 너희가 보고 듣는 이것을 부어 주셨느니라 행 2:33

"주님! 제가 할 수 있는 것은 다해보았습니다. 이제 정말 무엇을 어떻게 해야 할지 모르겠습니다. 저는 절망 가운데 있습니다. 주여! 무엇이라고 말씀하시거나 어떤 징표를 보여주시거나 환경을 변화시켜주시옵소서! 더 이상 기도도 되지 않습니다." 그런 사람에게 이제 딱 한 가지가 남았습니다. 그것은 무언가를 얻어내기 위해서 최선을 다하고 있는 자기 자신을 버리는 것입니다.

기도는 궁극적으로 자신을 버리고 포기하는 것입니다. 자신을 버리면 더 이상 간절히 기도할 필요가 없습니다. 자신을 버릴 때 우리는 비로소 예수 그리스도 안에 있다는 것을 알게 되고 하나님의 능력이 나타나는 것을 경험할 수 있게 됩니다. 우리의 영혼이 자신의 경험과 느낌에 기초한 거짓 자아로부터 벗어나 하나님의 말씀에 기초한 새로운 자아의 인도함을 받는 것입니다.

어린아이의 마음을 가져라

우리는 매 순간 자신이 만든, 마귀가 만든, 세상이 만든 문제와 상황과 처지 가운데서 고통받고 있습니다. 하나님의 자녀인 우리는 자신의 육신과 세상을 변화시키는 초자연적인 존재임에도 불구하고 거짓 자아에 속아 자신의 현재 상태와 상황에 기초하여 어떻게 하면 최선을 다할 수 있는지 생각합니다. 그러면 우리는 매일의 삶 속에서 어떻게 거짓 자아로부터 벗어나 예수 그리스도 안에 거할 수 있을까요?

예수님께서는 우리에게 어린아이와 같은 마음을 가지라고 말씀하셨습니다.

> 예수께서 그 어린아이들을 불러 가까이 하시고 이르시되 어린아이들이 내게 오는 것을 용납하고 금하지 말라 하나님의 나라가 이런 자의 것이니라 내가 진실로 너희에게 이르노니 누구든지 하나님의 나라를 어린아이와 같이 받아들이지 않는 자는 결단코 거기 들어가지 못하리라 하시니라 눅 18:16,17

자신의 문제를 해결하기 위해 애쓰지 말고, 어린아이일 때를 생각해보십시오. ① 어린아이는 나타난 일을 문제라고 생각하지 않습니다. 단지 있는 그대로 볼 뿐입니다. ② 어린아이는 실패와 미래에 대해서 걱정하지 않습니다. ③ 어린아이는 모든 일을 복잡하게 생각하지 않습니다. ④ 어린아이는 '내가 왜 그랬을까?', '그러지 말았어야 하는데' 이렇게 후회하지 않습니다. ⑤ 어린아이는 울다가도 돌아서면 다시 웃습니다. ⑥ 어린아이는 자아의식으로 '내 생각에는', '내 판단으로는', 또는 '내가 느끼기에는'이 없습니다. ⑦ 어린아이는 자기 방식대로 문제의 원인을 알고 해결책을 강구하기보다 부모를 더 의지합니다. ⑧ 어린아이는 다른 사람을 비난하지 않고 그냥 받아들입니다. ⑨ 어린아이는 호기심 천국에서 사는 상상력이 풍부한 신비주의자입니다.

3
예수 그리스도의 이름으로
선포하고 행하라

하나님의 자녀는 자신의 마음으로 믿는 것을 말하는 것이 아니라 (자신의 판단이나 생각과 상관없이) 주의 말씀에 따라 말한 것을 믿어야 합니다(생각하고, 느끼고, 행동해야 합니다). 지금의 상태나 생각이나 느낌과 상관없이 오직 약속의 말씀에 의지하여 예수 그리스도의 이름으로 주의 말씀을 선포하십시오. 그리고 그 선포한 것이 이루어졌음을 성령 안에서 상상하고 느끼고 믿어야 합니다.

예수 그리스도 안에 거할 때 우리는 두 종류의 믿음을 가지게 됩니다. 하나는 인간적인 믿음, 즉 겉사람의 믿음이고 다른 하나는 영적인 믿음, 즉 예수 그리스도 안에 있는 속사람의 믿음입니다. 구원받아 하나님의 자녀가 된 자는 예수 그리스도 안에 있는 믿음으로 살아야 하는데, 여전히 옛날과 같은 겉사람의 믿음으로 살아가는 사람들이 대부분이라는 것이 오늘날의 가슴 아픈 현실입니다.

예수 그리스도 안에 있는 믿음이란 무엇입니까?

> 그들이 아침에 지나갈 때에 무화과나무가 뿌리째 마른 것을 보고 베드로가 생각이 나서 여짜오되 랍비여 보소서 저주하신 무화과나무가 말랐나이다 예수께서 그들에게 대답하여 이르시되 하나님을 믿으라(have faith in God, have faith of God) 막 11:20-22

우선 예수님께서 "하나님을 믿으라"라고 하셨을 때의 믿음은 우리(거짓 자아 또는 겉사람)의 믿음이 아니라 '하나님의 믿음'(faith of God) 또는 '하나님 안에 있는 믿음'(faith in God)을 말합니다. 이 믿음은 하나님의 자녀가 아니고는 결코 가질 수 없는 믿음입니다. 예수님께서 제자들에게 앞으로 가져야 할 믿음이 무엇인지 이 말씀을 통해서 알려주신 것입니다. 또한 그 믿음을 가진 자는 예수님께서 행하신 일뿐만 아니라 그보다 큰 일도 할 수 있다고 말씀하셨습니다(요 14:12). 예수님께서 제자들을 가르치면서 비유로 다음과 같이 말씀하셨습니다.

내가 진실로 너희에게 이르노니 누구든지 이 산더러 들리어 바다에 던져지라 하며 그 말하는 것이 이루어질 줄 믿고 마음(카르디아)에 의심하지 아니하면 그대로 되리라 막 11:23

우선 이 말씀을 읽을 때 대부분의 사람들은 '어떻게 산이 들리어 바다에 던져질 수 있을까?'를 생각합니다. 그러나 잘 생각해보십시오. 우리가 믿어야 할 것이 무엇입니까? 예수님께서 "이 산더러 들리어 바다에 던져지라"라는 것을 믿으라고 하셨습니까? 아니면 "그 말하는 것"이 이루어질 것을 믿으라고 하셨습니까? 당신의 믿음의 초점은 어디에 있습니까? 우리의 믿음은 어디에 있어야 합니까? 지금 당신은 하나님께서 행하시겠다는 것을 당신의 마음으로 판단하고 있지 않습니까? 당신은 예수 그리스도를 믿는 자입니까? 아니면 예수 그리스도 안에 있는 믿음을 가진 자입니까?

오늘날 그리스도인들의 가장 큰 문제는 우리의 심령 안에 계신 예수 그리스도를 나타내는 삶을 살려고 하기보다는, 긍정적으로 말하면 자신의 지성으로 하나님의 말씀과 뜻을 믿고 이해하고자 애쓴다는 것이고, 부정적으로 말하면 그분의 말씀과 뜻을 판단한다는 것입니다. 이러한 믿음은 자신의 혼적인 판단으로는 믿어지지 않으면서 그것을 이해하려고 애쓰는 의지 혹은 정신력일 뿐 그 이상도 그 이하도 아닙니다. 그것은 하나님을 개념적으로 우리의 의식 안에 가두어두는 것밖에 되지 않습니다. 그런 믿음은 자신이 만든 허상일 뿐 살아 계신 하나님은 그 믿음 안에 계시지 않는다는 것을 알아야 합니다.

흔히 우리는 하나님께서 행하시겠다는 것에 대해서 믿음을 가지려고 합니다. 믿으려고 노력하고 있습니다. 그렇지만 그것은 믿지 못하겠다는 것이 내포된 생각입니다. 예수님께서 우리에게 요구하시는 것은 "하나님께서 정말 그 일을 행하실까?" 또는 "과연 행하실 수 있을까?"에 대해서 믿음을 가지라는 것이 아닙니다. 하나님께서 말씀하신 것을 우리의 입으로 선포하고 그 선포한 것이 이루어질 줄 믿고 마음에 의심하지 말라는 것입니다. 예수 그리스도 안에 있는 새로운 피조물 된 우리는 우리의 혼이 믿는 것이 아닙니다. 그리스도 안에서 우리의 영이 아는 것입니다. 그 아는 것이 혼을 통해 나타나도록 하는 것입니다. 다시 말해서 하나님의 자녀는 믿을 것을 말하는 것이 아니라 믿은 것을 말하는 자입니다. 그리고 말할 것을 믿는 것이 아니라 말한 것을 믿는 자입니다.

마가복음 11장에서 예수님께서는 무엇을 믿고 마음에 의심하지 말라고 하십니까? "이 산더러 들리어 바다에 던져지라"를 의심하지 말라는 것인가요? 아니면 "그 말하는 것이 이루어질 줄"을 의심하지 말라는 것인가요? 이 산더러 들리어 바다에 던져지게 하는 것은 하나님의 일이고, 그 말하는 것이(하나님의 약속을 자신의 입술로 말한 것) 이루어질 줄을 믿는 것은 우리의 일입니다. 그래서 우리가 "이 산더러 들리어 바다에 던져지라"라고 말할 때 내 이름을 걸고 하는 것이 아니라 예수 그리스도의 이름을 걸고 말하는 것입니다.

이 말씀을 확증하기 위해서 예수님은 다음 구절을 덧붙여 설명하셨습니다.

> 그러므로 내가 너희에게 말하노니 무엇이든지 기도하고 구하는 것은 받은 줄로 믿으라 그리하면 너희에게 그대로 되리라 막 11:24

이 말씀은 우리가 "기도하고 구하는 것" 즉 불가능하게 보이는 것에 초점을 맞추는 것이 아니라, "받은 줄로 믿으라"에 초점을 맞추라는 것입니다. 대부분의 그리스도인들은 기도하고 구하는 것에 초점을 맞추고 있습니다. 그것은 겉사람의 믿음입니다. 그러나 하나님의 자녀는 "받은 줄로 믿으라"에 초점을 맞추어야 합니다. 이미 받은 줄로 믿으라는 뜻이 무엇입니까? 당신의 마음으로 "주님께서 주실 것을 믿습니다"라고 하는 것이 아니라 "주님! 주셔서 감사합니다"라고 말하는 믿음입니다.

"그 말하는 것이 이루어질 줄 믿고"의 '믿고'는 헬라어로 보면 가정법 능동태 현재형입니다. 현재성과 계속성을 지닌 시제입니다. 과거도 아니고 미래도 아니고 지금 현재적으로 계속 믿어야 한다는 것을 뜻합니다. 당신의 선포로 당신이 행하는 것이 아니라 하나님께서 행하시겠다는데 왜 의심하십니까?

이 사실을 좀 더 쉽게 이해하기 위해서 예를 들어보겠습니다. 하나님 아버지께서 내 통장에 돈을 넣어주시고, 예수 그리스도께서 그 사실을 알려주시며 그분의 이름으로 빼내서 사용할 수 있다고 우리에게 알려주셨다고 가정해보십시오. 이것은 마치 예수님께서 하나님 나라의 복음을 전해주시고, 그 나라의 삶이 무엇인지 실제로 보여주시고, 그분의 이름으로 그 나라의 삶을 살아가라고 하시는 말씀과 같습니다.

　믿음이란 무엇일까요? "내 통장 안에 돈이 있다. 정말 있다는 것을 믿는다"라는 그 믿음으로는 아무것도 할 수 없습니다. 이것은 보고 듣고 생각하는 것을 믿는 것일 뿐입니다. 그렇다면 진정한 믿음이란 무엇일까요? 그것은 내 통장에 돈이 있다는 것을 믿는 것이 아니라 이미 알고 있기 때문에 은행에 가서 예수 그리스도의 이름으로 찾아 쓰는 것입니다. 그것이 예수 그리스도 안에 있는 믿음입니다. 예수 그리스도의 이름으로 하나님께서 내게 주신 돈을 찾아 쓰는 것입니다. 그것이 바로 사도 베드로가 "내게 있는 이것, 곧 예수 그리스도의 이름으로" 선포한 믿음입니다.

　겉사람의 생각으로 통장에 정말 돈이 있다고 아무리 믿은들 무슨 소용이 있겠습니까? 내 통장에 돈이 있고 없고는, 다른 말로 나에게 정말 예수 그리스도 안에 있는 믿음이 있는지 없는지 알 수 있는 유일한 방법은 은행에 가서 돈을 찾아 써보면 되는 것입니다. 은행에 가서 돈을 찾기 전에는 정말로 내 통장에 돈이 들어 있는지 안 들어 있는지 알 수가 없습니다.

은행에 들어 있는 돈은 법적으로는 내 돈이지만 찾아 쓰기 전까지 실제적으로는 내 돈이 아닙니다. 이처럼 하나님께서 주신 돈을 한 번도 제대로 써본 적이 없는 그리스도인들이 참으로 많습니다. 이것이 오늘날 많은 그리스도인들의 믿음의 현주소이기도 합니다. 하나님의 모든 성품, 은사, 권세와 능력이 있음에도 불구하고 그것이 있다는 것을 믿는다고 하지만 실제로 한 번도 사용해보지 못하고 여전히 마귀의 종노릇하며 살아가는 것입니다.

그래서 하나님나라의 자녀의 삶에 대해 기록한 야고보서는 행함이 없는 믿음은 죽은 믿음이라고 했습니다. 은행에 가서 이미 은행에 맡겨둔 돈을 예수 그리스도의 이름으로 찾아 쓰는 것이 진정한 믿음이라고 말하는 것입니다.

아아 허탄한 사람아 행함이 없는 믿음이 헛것인 줄을 알고자 하느냐 약 2:20

네가 보거니와 믿음이 그의 행함과 함께 일하고 행함으로 그 믿음이 온전하게 되었느니라 약 2:22

이로 보건대 사람이 행함으로 의롭다 하심을 받고 믿음으로만은 아니니라 약 2:24

결국 예수 그리스도의 이름으로 선포한다는 것은 자신의 겉사람으로 믿으려고 애쓰는 것이 아니라 자신의 속사람이 믿음을 나타내는 것입니다. 예수님께서 불신자들에게는 인간적인 믿음을 요구하셨습니다. 그러나 하나님의 자녀인 우리는 이미 우리 자신의 믿음을 초월한 자들입니다. 우리가 하나님의 자녀로서 유업을 이어받는 것을 아는 것보다 더 큰 믿음이 어디에 있겠습니까? 우리가 해야 할 일은 우리의 마음으로 믿는 것이 아니라 새로운 피조물로서 우리 안에 계신 예수님께서 그의 일을 행하시도록 예수 그리스도의 이름으로 주의 말씀을 선포하고 그 선포한 것이 이루어졌다는 것을 믿는 것입니다.

자신의 마음을 좀 더 깊이 살펴보시기 바랍니다. 대부분의 사람들은 표면의식으로는 주의 말씀을 믿고(믿어지지 않을지라도 자신의 이성으로 붙드는 것) 입술로 하나님을 찬미합니다. 하지만 실제 잠재의식은 과거 자신의 경험과 지식에 기초하여 실재라고 믿는 것을 신뢰합니다. 즉, 말씀이 진실하다는 사실에 동의하지만 그 말씀을 본래 위치에 두지는 않습니다. 그렇기 때문에 많은 경우 기도할 때 또는 기도를 받을 때 그 말씀을 애써 붙들기 위해 "주여!"와 "아멘"을 반복하여 부르짖습니다. 진정으로 말씀을 본래 위치에 두기 위해서는 자신의 잠재의식까지 말씀에 순종시켜야 합니다. 그 일을 행하시는 분이 바로 성령님이십니다.

네가 만일 네 입으로 예수를 주로 시인하며 또 하나님께서 그를 죽은 자 가

운데서 살리신 것을 네 마음(헬라어 카르디아 : 잠재의식으로 이해될 수 있음)에 믿으면 구원을 받으리라 사람이 마음(카르디아)으로 믿어 의에 이르고 입으로 시인하여 구원에 이르느니라 롬 10:9,10

"마음으로 믿어"라는 말은 내 표면의식으로 예수 그리스도께서 나의 주님이심을 믿는다는 뜻이라기보다는 성령님의 도우심으로 예수 그리스도께서 나의 주님이심이 믿어진다는 뜻입니다.

"시인하여"라는 말은 헬라어 '호모로게오'로 "동일하게 말하다"라는 뜻입니다. 즉 성령으로 인하여 자신의 마음이 새롭게 되어 예수 그리스도께서 주님이심이 믿어지고, 그 마음에 가득한 것을 자연스럽게 입으로 동일하게 말함으로써 구원을 얻게 된다는 것입니다. 우리가 성령에 사로잡히지 않은 때는 비록 우리가 영적으로 새로운 피조물이 되었다 할지라도 우리의 마음 안에 여전히 과거 마귀의 본성에 따라 만들어진 수많은 상처와 좋지 못한 프로그램들이 있어서 우리는 그 마음에 가득한 것을 입으로 말할 수밖에 없었습니다.

이는 마음에 가득한 것을 입으로 말함이라 마 12:34

이 말씀을 통해 깨달아야 하는 것은 겉사람이 자신의 과거 경험과 지식에 기초한 이성으로 판단하기 전에 말씀을 따라 순종하고 행할 줄 알아야 한다는 것입니다. 말씀은 인간의 이성적 판단의 대상이 아닙니다. 말씀은 곧 하나님이십니다. 말씀에 우리 자신의 마음을 굴복시킬 때 그 말씀의 실체가 나를 통하여 나타납니다.

우리는 하나님을 판단하는 자가 아니라 하나님 안에 거하는 자가 되어야 합니다. 그 말씀에 자신의 이성도 순종시켜야 합니다. 그럴 때 마음으로 믿어 의에 이르게 되는 것입니다. 그 상태는 말씀에 그 마음이 동의하는 것이 아니라, 그 말씀에 마음이 일치되는 것을 의미합니다. 결국 믿음은 자기부인이며, 자기부인을 증명할 수 있는 유일한 길은 바로 말씀대로 행하는 것입니다.

우리가 인간적인 믿음을 가지고 있는지 아니면 예수 그리스도 안에 있는 믿음을 가지고 있는지는 우리가 어떤 고백을 하느냐로 알 수 있습니다. 우리는 흔히 자신의 문제를 있는 그대로 말하는 것을 아무렇지 않게 생각합니다. 즉, 자신이 보고 듣고 느끼는 대로 말하는 것이 자연스럽고 당연하다고 여깁니다. 예를 들어서 어떤 사람이 암에 걸려 고통당하고 있고, 어느 부위의 지금 상태가 어떠한지를, 또한 그 문제가 어디서부터 시작되었는지 등등의 이야기를 계속해서 다른 사람에게 말한다고 가정해보십시오. 우리가 말한다고 하는 것은 자신의 생각을 말하는 것입니다. 그 말은 자신의 마음판에 그리면서 말한다는 것입니다. 그것은 자기 스스로 그것을 믿음으로 취한다는 것과 동일한 의미입니다. 물론 자신의 의식으로는 이 질병이 낫기 원하는 마음을 갖고 있지만, 정작 자신의 잠재의식에서는 계속해서 그 질병을 그리고 있는 것입니다. 실제로 우리의 잠재의식은 자신 안에 그려진 대로 이루기 위해 끊임없이 작동하게 됩니다. 이 모든 것이 자신의 겉사람의 생각으로 잘못된 고백이 만들어낸 것입니다.

하나님의 자녀는 있는 그대로가 아니라 그리스도 안에서 주의 말씀대로 고백할 줄 알아야 합니다. 그 말은 지금의 문제를 말하는 것이 아니라 그 문제에 대해 주님이 주신 말씀이 이루어진 것을 그려보아야 하고, 그 그린 것을 말할 줄 알아야 한다는 것입니다. 그럴 때 영이요 생명이신 주의 말씀이 성령 안에서 우리의 잠재의식 안에 그려지게 되고, 그 마음에 가득한 것을 입으로 말할 때 우리의 잠재의식은 그려진 대로 이루기 위해서 끊임없이 작동하게 되는 것입니다.

이렇게 잘못된 고백으로 수많은 그리스도인들이 자신의 끈질기고 간절한 기도를 무효화시키며 자신의 믿음을 스스로 무너뜨리고 있습니다. 기독교 신앙은 고백의 신앙, 즉 주의 말씀대로 고백하는 신앙입니다. 내 생각과 처지를 말하는 것이 아니라, 주의 말씀에 일치하는 고백을 하고, 고백한 그것을 믿는 것입니다.

4
삶에서 어떻게 적용할 것인가?

지금까지 나누었던 내용의 다음 핵심 요약이 뇌 기억에 저장되고 잠재의식 내 프로그램 된다면 당신은 예수 그리스도의 이름으로 기적을 행하게 될 것입니다.

● 하나님께서는 인간을 어떻게 창조하셨습니까?

삼위 하나님의 형상을 따라 모양대로 지으시고, 하나님의 생명을 불어 넣어주셔서 하나님의 자녀가 되게 하셨습니다.

● 하나님께서 인간을 창조하신 이유는 무엇입니까?

자녀들이 위임받은 왕권을 가지고 하나님께서 창조하신 세상에 하나님의 나라(통치)가 이루어지도록 하셨습니다. 하나님의 뜻은 피조물들이 하나님의 본질인 사랑을 나누며 피조 세계가 하나님의 영광을 드러내도록 하는 일이었습니다.

● 하나님께서 창조하신 인간은 하나님의 뜻대로 살았나요?

그렇지 못합니다. 마귀에게 속아 죄를 짓고 타락함으로써 하나님의 생명이 떠난(하나님과 분리된) 독립적인 존재가 되어 흑암의 세계에서 마귀의 종노릇을 하며 살게 되었습니다.

• 하나님께서 예수 그리스도를 이 땅에 보내주신 이유는 무엇입니까?

우리의 죄만 사하시고 우리를 천국으로 데려가기 위해서가 아니라 우리를 구원하시고 우리를 통하여 이 땅에 하나님의 나라(통치)를 이루기 위해서입니다.

• 예수님께서 전하신 복음은 무엇입니까?

하나님나라의 복음입니다. 이제부터 하나님께서 예수 그리스도 안에 있는 자녀들을 통하여 이 땅을 통치하시겠다는 좋은 소식입니다.

• 예수님께서 이 땅에서 행하신 일은 무엇인가요?

마침내 이 땅에 하나님의 종말론적 통치가 시작되었다는 것을 선포하시고 그 실체를 보여주셨으며, 예수님이 바로 그 일을 행하시는 구약에 예언된 메시아이심을 알리셨습니다.

• 예수님께서 하나님의 백성을 위해서 하신 일은 무엇인가요?

예수 그리스도를 믿는 자를 구원하시고 하나님의 생명을 주셔서 하나님의 자녀가 되게 하셨으며 하나님나라의 일을 알려주셨습니다.

● 예수님께서 말씀하신 복음은 어떻게 이루어졌습니까?

모든 인간을 죽음에 이르게 하는 죄와 질병을 사하시기 위해 예수님께서 채찍에 맞으시고 피 흘리시고 십자가에서 죽으심으로 우리의 죄와 질병과 죽음을 대속하셨고, 하늘로 올리우사 약속하신 보혜사 성령님을 보내주심으로 예수 그리스도를 믿는 자로 하여금 영생(하나님의 생명)을 지닌 하나님의 자녀가 되도록 하셨습니다.

● 예수 그리스도 이름을 높이신 분은 누구십니까?

하나님 아버지이십니다.

● 우리는 하나님께 어떻게 영광 올려드릴 수 있습니까?

우리의 삶 가운데 주님이신 예수 그리스도를 나타냄으로 하나님께 영광 올려드릴 수 있습니다.

● 지금 그 예수 그리스도께서 어디에 계십니까?

하나님 우편과 동시에 우리 안에 계십니다.

● 예수님께서는 누구의 일을 행하셨습니까?

하나님의 일입니다.

• 예수님께서 우리가 하나님의 일을 행할 수 있도록 주신 것은 무엇입니까?

우리에게 예수 그리스도의 이름을 사용하도록 하셨습니다.

• 우리가 하나님의 일을 행할 수 있는 이유는 무엇입니까?

예수 그리스도 안에서 하나님의 자녀에게 위임된 왕권이 회복되었기 때문입니다.

• 모든 것은 누구에게 구해야 합니까?

아버지께 구해야 합니다.

• 아버지께 어떻게 구해야 합니까?

예수 그리스도의 이름으로 구해야 합니다. 하나님 아버지께서는 성령의 임재 가운데 우리가 예수 그리스도의 이름으로 구할 때 들으십니다.

• 아버지는 어떻게 주십니까?

예수 그리스도의 이름으로 주십니다. 하나님은 중보자이신 예수 그리스도를 통하여 우리와 관계하십니다. 할렐루야! 하나님의 유일한 응답은 예수 그리스도의 이름으로 간구할 때입니다. 왜냐하면 죄 없으신 하나님의 아들의 이름만을 받아들일 수 있기 때문입니다. 또한 하나님 아버지께서는 우리가 구한 것을 예수 그리스도의 이름으로 주십니다.

● 언제부터 예수 그리스도의 이름을 사용할 수 있습니까?

약속하신 보혜사 성령님이 강림하시는 그 날 이후부터 예수 그리스도의 이름을 사용할 수 있습니다.

● 왜 그때부터 예수 그리스도의 이름을 사용할 수 있습니까?

예수님께서 죽으시고 부활하신 후 다시 하나님의 아들로 기업을 얻으셨고, 우리 안에 오셨기 때문입니다.

● 우리가 예수 그리스도의 이름을 사용할 때 누가 기뻐하실까요?

바로 하나님 아버지이십니다.

● 그렇다면 이 책을 덮는 당신은 이제 누구입니까?

하나님께서 사랑하시고 주의 뜻을 이루는, 즉 유업을 얻은 자녀입니다.

- 당신은 하나님의 자녀로서 어떻게 살아야 합니까?

예수 그리스도 안에서 위임된 왕권을 가지고 예수 그리스도의 이름으로 아버지의 일을 행해야 합니다.

지금부터 마음을 새롭게 함으로 변화를 받아 하나님의 뜻을 나타내는 삶을 사시기 바랍니다. 하나님의 자녀로서 성령 안에서 예수 그리스도의 이름으로(안에서) 말하고 행동하십시오.

예수 그리스도의 이름으로 아버지께 구하고, 예수 그리스도의 이름으로 선포하고 명령하고, 예수 그리스도의 이름으로 아버지로부터 받으십시오.

다음 네 가지가 최종 결론이자 우리가 매일 삶에서 적용해야 할 내용입니다.

- 당신이 직접 성경 말씀을 읽거나 누군가의 설교를 통해 하나님의 말씀을 들을 때마다

"아멘, 내가 주의 말씀을 믿습니다. 예수님의 이름으로 기도했습니다"라는, 판단하는 사고방식에서 벗어나 "예수 그리스도의 이름으로 주의 말씀이 지금 내게 이루어졌습니다"라고 고백하는 것이 당연하고 자연스럽다면,

- 당신이 주께 기도할 때마다

　"주님, 이 말씀대로 이루어지기를 간절히 간구합니다. 예수님의 이름으로 기도했습니다"라는 확신 없는 소망에서 "예수 그리스도의 이름으로 주께서 저의 기도를 들어주시니 감사드립니다"라고 간구하는 것이 당연하고 자연스럽다면,

- 당신이 주의 말씀을 이룰 때

　"말씀대로 주님께서 내 질병을 치유해주실 것을 믿습니다. 예수님의 이름으로 기도했습니다"라는 능력 없는 고백에서 "예수 그리스도의 이름으로 더러운 질병아, 떠나갈지어다"라고 선포하는 것이 당연하고 자연스럽다면,

- 당신의 생각과 감정을 위협하는 모든 상황에서

　"주여! 도와주시옵소서"라는 자동적인 반응 대신 "예수 그리스도 안에서 아버지의 사랑으로"라고 고백함으로써 그리스도 안에 거하고, 자신의 마음에서 올라오는 모든 더럽고 추하고 부정적인 감정을 "회개하오니 용서하여주옵소서"라고 고백하는 삶이 자연스럽다면,

√ 우리 영혼은 그리스도 의식으로 거짓 자아(겉사람 또는 마음)를
   보게 될 것입니다.
√ 당신(겉사람)의 노력 없이도 삶이 자연스럽게 변화될 것입니다.
√ 말씀 - 성령 - 삶이 일치되는 신앙생활을 하게 될 것입니다.
√ 당신의 삶에 놀라운 기적을 경험하게 될 것입니다.

지금 읽은 내용이 믿어진다면, 예수 그리스도의 이름으로 선포하는 기도인《왕의 기도》(규장)를 다시 읽어보고, 뒤편에 있는 실제적 기도를 적용해보십시오. 하나님의 놀라운 기적과 은혜가 당신의 삶에 나타날 것입니다.

왜 예수 그리스도 이름의 능력이 나타나지 않는가?

첫째, 예수 그리스도 안에 거하는 삶을 체험하는 대신에 그 예수님이 누구이신지에 대해서만 배워왔기 때문이다

이는 마치 우리가 초중고교에서 영어 공부를 오래 해왔지만 막상 영어로 대화하지 못하는 것과 같습니다. 불신자들은 예수 그리스도의 이름을 믿어야 합니다. 그러나 예수 그리스도를 믿은 자는 예수 그리스도 안에 존재하며 예수님을 나타내는 존재가 되어야 합니다. 이제 우리에게 필요한 것은 예수 그리스도 그 이름이 누구인지에 대해서 배우는 것이 아니라 그 이름 안에서 하나님의 일을 체험하는 것입니다.

오늘날 가장 큰 문제는 우리 영에 찾아오신 예수님을 나타내기보다는 우리의 지성으로 예수님께서 하신 말씀과 뜻을 이해하고자 애쓴다는 것입니다. 그것은 예수님을 개념적으로 우리의 의식 안에 가두어두는 것밖에 되지 않으며, 예수님은 그곳에 계시지 않습니다. 예수님께서 나를 통치하시며 그분께서 나타나시는 것이 생명이라면, 예수님께서 누구이신지 지식적으로 아는 것은 단지 종교일 뿐입니다.

둘째, 겉사람의 욕심을 채우기 위해서 그 이름을 사용하기 때문이다

우리가 처음 하나님을 믿을 때를 생각해보십시오. 사실 신앙의 초기 단계는 하나님의 자녀의 삶을 살기보다는 자신의 어려움과 문제를 해결하는 데 총력을 기울인다고 해도 과언이 아닙니다. 다른 말로 자신의 깨어진 겉사람을 보수하고, 남에게 잘 보이고, 평안하기 위해서 하나님이 필요한 것입니다. 하나님께서는 우리의 동기를 다 알고 계십니다. 그렇지만 우리를 사랑하시기에, 그리고 신앙의 여정을 이제 막 시작한 우리의 상태를 잘 알고 계시기에 우리의 기도에 응답해주시며 필요 또한 채워주십니다. 그러나 하나님께서 우리에게 정말 원하시는 것은 우리가 하나님의 자녀인 것을 깨닫고, 속사람이 겉사람을 뚫고 나와, 자신을 위해서가 아닌 하나님의 영광을 드러내는 삶을 사는 것입니다.

그런데 우리는 그것을 알지 못한 채 오직 자신의 겉사람을 치장하고 세우기 위해서 기도합니다. 언제부터인가 기도해도 하나님께서는 더 이상 그 기도에 응답하지 않으십니다. 오히려 기도했는데도 어려운 일이 더 닥치는 것처럼 여겨집니다. 이때가 바로 영적 돌파의 시간이라는 사실을 깨달아야 합니다.

구하여도 받지 못함은 정욕으로 쓰려고 잘못 구하기 때문이라 약 4:3

그를 향하여 우리가 가진 바 담대함이 이것이니 그의 뜻대로 무엇을 구하면 들으심이라 우리가 무엇이든지 구하는 바를 들으시는 줄을 안즉 우리가 그에게 구한 그것을 얻은 줄을 또한 아느니라 요일 5:14,15

셋째, 하나님이 행하실 일을 겉사람으로 판단하기 때문이다

자신을 흔적 존재로 규정하고, 예수 그리스도 이름의 능력을 나타낼 자격이 없다고 스스로 믿기 때문입니다. 예수 그리스도의 이름으로 선포한다고 하나님께서 들어주실까요? 내가 예수 그리스도의 이름을 사용할 자격이 있을까요? 그만한 친밀함과 거룩함이 있습니까? 내가 예수 그리스도의 이름을 사용한다고 예수님께서 좋아하실까요?

당신이 당신 자신의 마음으로 예수 그리스도의 이름을 선포한다면 당연히 그렇게 여겨질 것입니다. 그런데 그것은 다른 사람의 이름을 사칭하는 것과 다름이 없습니다. 그러나 두려워하지 마십시오. 당신은 예수 그리스도 안에 거하는 영적 존재입니다. 거짓 자아로 예수 그리스도의 이름을 선포하면 그럴 때마다 의심과 죄책감이 들 뿐입니다. 그러나 그리스도의 영 안에서 예수 그리스도의 이름을 선포하는 것은 아들로서 아버지께 영광 올려드리는 위대한 일에 참여하는 것입니다.

우리가 예수 그리스도 안에 거한다면 우리의 믿음은 하나님께서 행하실까 행하지 않으실까에 대한 것이 아니라 주의 말씀을 선포한 것에 대한 것이어야 합니다. 인간의 믿음을 초월하여 예수 그리스도

안에 있는 믿음을 가져야 합니다. 예수님의 모친 마리아를 생각해보
십시오.

> 대저 하나님의 모든 말씀은 능하지 못하심이 없느니라 마리아가 이르되 주의
> 여종이오니 말씀대로 내게 이루어지이다 하매 천사가 떠나가니라⋯ 주께서
> 하신 말씀이 반드시 이루어지리라고 믿은 그 여자에게 복이 있도다
> 눅 1:37,38,45

마리아는 주께서 행하실 것을 자신의 마음으로 판단하지 않았습
니다. 그 일이 이루어질 것을 자신의 입술로 선포하고, 그 선포한 것
을 믿었으며, 믿은 대로 행동했습니다. 이와 마찬가지로 우리가 예
수 그리스도의 이름으로 선포한다는 것은 주의 말씀을 나의 마음으
로 판단한다는 것이 아니라 예수 그리스도께서 이미 이루신 것이 나
를 통해 나타나도록 하기 위해서입니다.

**넷째, 초자연적인 일이 일어날 수 있는 분위기가 만들어져야 한다고
생각하기 때문이다**

성경을 읽으면서 가장 놀라운 사실은 예수님께서 하나님의 일을
행하실 때 어떤 사전 준비도, 그리고 하나님께서 역사하실 수 있는
어떤 분위기도 만들지 않으셨다는 것입니다. 나인성의 과부 이야기,
열두 해 혈루증을 앓던 여인 이야기, 소경 바디매오의 이야기, 조현

병자의 이야기, 베데스다 연못가의 병자 이야기 등을 생각해보면 예수님께서는 어떤 상황과 경우에도 구애받지 않고 기적을 행하셨습니다. 그리고 예수님 자신의 상태와 상황에도 전혀 구애받지 않으셨습니다. 우리처럼 지금은 그럴 기분이 아니라거나 그 일을 할 준비가 되어 있지도 않고, 그럴 만한 상황이 아니라고 생각하지 않으셨다는 것입니다.

우리도 마찬가지입니다. 우리는 우리 자신의 생각이나 느낌과 상관없이 이미 예수 그리스도 안에 거하며 예수 그리스도의 이름으로 예수님을 나타내는 존재입니다. 따라서 어떤 전조 혹은 징조(어떤 일이 생길 기미)가 있어야 하나님의 역사가 일어날 것이라고 생각하지 말아야 합니다.

내가 아버지께 구하겠으니 그가 또 다른 보혜사를 너희에게 주사 영원토록 너희와 함께 있게 하리니 그는 진리의 영이라 세상은 능히 그를 받지 못하나니 이는 그를 보지도 못하고 알지도 못함이라 그러나 너희는 그를 아나니 그는 너희와 함께 거하심이요 또 너희 속에 계시겠음이라 요 14:16,17

초자연적인 존재가 되기 위해서 애쓰지 마십시오. 지금 당신이 행하고자 하는 일이 당신이 하는 것입니까? 아니면 당신 안에 계시는 예수님이 행하시는 것입니까? 우리 안에 계시는 예수님이 행하시는 것이라면 우리에게 필요한 것은 거짓 자아를 부인하는 것이지, 어떠한 행위와 노력으로 기적을 일으킬 분위기나 준비가 필요한 것이 아닙니다.

성령님은 영원히 내 안에 계시고, 그분은 언제나 출동 준비를 하고 계시며, 우리를 통하여 초자연적인 일들을 나타내기 원하십니다. 문제는 우리 마음의 태도입니다. 우리가 느낌과 체험 그리고 상황에 묶이지 않고 은혜와 진리에 기초하여 믿음으로 행할 때 성령의 역사로 주어진 은사가 작동하기 시작합니다.

오직 느낌과 경험 그리고 상황에서 벗어나 은혜와 진리에 기초하여 예수 그리스도 안에 거하십시오. 하나님의 권능을 나타내기 위해서는 예수 그리스도 안에 있는 믿음과 예수 그리스도의 이름 외에 더 필요한 것이 없다는 것을 알아야 합니다.

> 베드로가 이르되 은과 금은 내게 없거니와 내게 있는 이것을 네게 주노니 나사렛 예수 그리스도의 이름으로 일어나 걸으라 하고 행 3:6

> 그 이름을 믿으므로 그 이름이 너희가 보고 아는 이 사람을 성하게 하였나니 예수로 말미암아 난 믿음이 너희 모든 사람 앞에서 이같이 완전히 낫게 하였느니라 행 3:16

지금까지의 내용은 혼적인 측면에서 우리가 바꾸어야 할 것들일 뿐입니다. 모든 것은 오직 한 가지 기초 위에서 이루어져야 합니다.

그것은 하나님과의 생명적인 자녀 관계입니다. 예수 그리스도의 이름에 능력이 나타나는 것은 매 순간 예수 그리스도 안에서 성령님을 통하여 하나님과 얼마나 교제하는가에 달려 있다는 것을 명심하시기 바랍니다.

자녀가 되려고 애쓰지 말고 자녀답게 사는 데 힘쓰십시오. 당신은 은혜와 진리를 추구하는 자가 아니라 이미 은혜와 진리 안에 있는 자입니다. 자신의 상태를 점검하는 데 초점을 맞추지 말고 하나님을 나타내는 데 초점을 맞추십시오. 될지 안 될지 생각하지 말고 아버지께서 기뻐하시는 그 일을 예수 그리스도의 이름으로 해보십시오. 당신은 모든 것을 다 알아야 무엇인가를 할 수 있는 존재가 아니라 주님이 보여주시는 것에 순종하여 행하는 존재입니다.

질문&토론

1. 당신이 예수 그리스도의 이름으로 산다는 것은 무엇을 의미합니까?

   - 세상에 대해서 (고후 2:14,15 ; 고후 3:3)

   - 하나님에 대해서 (엡 5:20)

   - 자신에 대해서 (골 1:27 ; 벧전 2:9)

2. 예수 그리스도의 이름으로 선포하고 행한다는 것은 무엇을 의미합니까?

   - 마가복음 11장 23,24절의 말씀을 떠올리며 설명해보십시오.

   - 좀 더 쉽게, 하나님께서 은행에 돈을 넣어주시고 예수 그리스도의 이름으로 찾아 쓰라고 하신 내용을 비유로 설명해보십시오.

3. 이 책의 결론은 골로새서 3장 17절 말씀입니다.

- 또 무엇을 하든지 말에나 일에나 다 주 예수의 이름으로 하고 그를 힘입어 하나님 아버지께 감사하라 골 3:17

- 이 말씀을 오늘 자신의 삶에 어떻게 적용해야 합니까? 지금까지 당연하게 여겨왔던 고백(선포)을 새롭게 해보시기 바랍니다.

- "아멘, 내가 주의 말씀을 믿습니다. 예수님의 이름으로 기도했습니다."

  →

- "주님, 이 말씀대로 이루어지기를 간절히 구합니다. 예수님의 이름으로 기도했습니다."

  →

- "말씀대로 주님께서 내 (질병을 치유해주실 것을) 믿습니다. 예수님의 이름으로 기도했습니다."

  →

질문&토론

4. 당신에게는 왜 예수 그리스도 이름의 능력이 나타나지 않습니까?

- 계속 같은 방식을 고수하면서 다른 결과를 기대하는 것만큼 어리석은 삶은 없습니다.

- 본문으로 돌아가서 당신의 믿음과 사고방식에 어떤 문제가 있는지 다시한번 확인해보시기 바랍니다.

5. 당신은 성령체험을 한 적이 있습니까?

- 성령체험이란 하나님의 영이 당신의 혼과 육을 사로잡은 경험을 말합니다.

- 예수 그리스도 안에서 그 체험이 주는 의미가 무엇인지 알고, 그분께 내 삶을 의탁하는 것이 중요합니다. (갈 5:25)

- 성령체험은 흔히 눈에 보이는 외적 현상만이 아닙니다. 흔히 말하는 외적 현상이 없더라도 다양한 내적 변화를 경험할 수 있습니다.

- 아직 성령체험을 경험해보지 못했다면 구하십시오. 갈급하다면 《고맙습니다 성령님》(규장, 2007)을 읽어보시기 바랍니다.

하나님의 지식으로 세상을 변화시키는
킹덤 빌더의 삶을 위하여!

그러므로 너희가 그리스도 예수를 주로 받았으니 그 안에서 행하되 골 2:6

또 무엇을 하든지 말에나 일에나 다 주 예수의 이름으로 하고 그를 힘입어 하나님 아버지께 감사하라 골 3:17

항상 우리를 그리스도 안에서 이기게 하시고 우리로 말미암아 각처에서 그리스도를 아는 냄새를 나타내시는 하나님께 감사하노라 고후 2:14

책을 마무리한 다음에도 다시 생각하면 할수록 예수 그리스도의 이름으로 아무것도 하지 못하는 현실이 너무 어처구니없고 억장이 무너집니다. 그리스도인들은 왜 예수 그리스도의 이름을 사용하지 않는 것입니까? 한마디로 능력이 나타나지 않기 때문입니다. 그럼 왜 그렇게 되었을까요? 이 책을 마치면서 사족처럼 다시 몇 가지 더 생각해보게 되었습니다.

　첫째, 자신이 누구인지를 체험하지 못했기 때문입니다.

　하나님께서는 우리를 구원하시고자 아담에게 넣어주셨던 것과 똑같은 생명을 예수님을 통해서 우리에게 주셨습니다. 그런데 우리는 거짓 자아에게 속아서 자신이 누구인지를 체험하지 못하고 있습니다. 자신이 누구인지 알지 못한다는 말이 아니라 체험하지 못했다는 것입니다.

　내가 누구인지 아는 것은 내 지성으로 주의 말씀을 믿는 것이 아니라 성령 하나님으로 인하여 예수 그리스도 안에 있는 하나님의 사랑이 체험되는 것을 말합니다. 새로운 삶의 시작은 나의 의지나 노력과 상관없이 오직 하나님의 사랑을 체험할 때부터입니다. 그 사랑은 인간이 가질 수 있는 사랑이 아닌 신적 사랑입니다. 너무 놀랍고 신비롭고 압도적이어서 나 자신을 죽일 수 있는 사랑이 바로 하나님의 사랑이며 하나님의 생명입니다.

　베드로도 예수님을 3년 반이나 따라다니고도 깨닫지 못했던 그 하나님의 사랑을, 오순절 날 성령 하나님께서 임하심으로 비로소 체험하게 되었습니다. 예수 그리스도의 이름으로 하나님 아버지께 성령 하나님을 통하여 그 사랑을 체험할 수 있게 해달라고 기도하십시오. 세상이 줄 수도 없고 알 수도 없는 하나님의 사랑이 당신의 영혼육 전부를 진동시키는 놀라운 사랑의 만남을 반드시 경험해야만 합니다.

둘째, 자신이 가진 것이 무엇인지 알지 못하기 때문입니다.

예수님께서는 인류가 에덴동산에서 잃어버렸던 하나님의 생명과 위임된 통치권을 다시 되찾으셔서 구원받은 그분의 자녀에게 돌려주셨습니다. 그런데 우리는 마귀에게 속아서 예수 그리스도 안에서 이미 주어진 자녀 됨의 특권을 누리는 대신에, 우리 스스로 노력하여 자녀 됨의 특권과 영적 축복을 얻으려고 애쓰고 있습니다. 마귀는 우리로 하여금 예수 그리스도 안에서 이미 가진 것을 스스로 노력해서 가지도록 속이고 있습니다. 안타깝게도 하나님께서 예수 그리스도를 통해서 우리에게 주신 것을 한 번도 사용하지 못하고 사는 사람들이 너무나 많습니다.

이로써 네 믿음의 교제가 우리 가운데 있는 선을 알게 하고 그리스도께 이르도록 역사하느니라 [I am praying that the sharing of your faith may become effective; by the acknowledge of every good thing which is in you in Christ Jesus (NKJV), as you understand and experience all the good things we have in Christ (NLT)] 몬 1:6

셋째, 구원받은 후에도 그동안 살아왔던 방식 그대로 여전히 살고 있기 때문입니다.

하나님께서 세상을 창조하시고 아담과 하와를 이 땅에 지으신 이유를 생각해보십시오. 하나님께서 예수 그리스도를 통하여 우리에게 주신 복음의 참뜻이 무엇일까요? 하나님의 계획과 의도는 단순히 우리를 구원하여 천국으로 이끄는 것을 넘어 구원받은 자녀를 통해 이 땅에 하나님나라를 세우며 그분의 영광을 드러내는 것입니다. 타락한 후 인간은 일평생 눈에 보이지 않는 하나님나라의 일보다 보이는 이 세상의 일에 더 많은 관심을 가지고, 물질 세계가 영의 세계보다 더 실제적이라고 믿으며 살아왔습니다. 그러나 구원받은 자녀라면 자연적인 영역에서 일어나는 일들이 영적인 영역(초자연적인 영역)에서 일어난 일들의 결과임을 알고, 보이는 세계보다 보이지 않는 세

계(하나님의 영광의 임재를 통한 말씀 통치의 세계)에 치중해서 생각해야
합니다.

> 그러므로 너희가 그리스도와 함께 다시 살리심을 받았으면 위의 것을 찾으라
> 거기는 그리스도께서 하나님 우편에 앉아 계시느니라 위의 것을 생각하고 땅
> 의 것을 생각하지 말라 이는 너희가 죽었고 너희 생명이 그리스도와 함께 하
> 나님 안에 감추어졌음이라 골 3:1-3

"이는 너희가 죽었고"라는 말씀은 예수 그리스도를 믿을 때 옛 본
성이 죽었다는 것입니다. 육체적 죽음이 아니라 영적 죽음을 나타냅
니다. 이것은 옛 본성이 이미 과거에 죽었다는 것을 의미합니다. "너
희 생명이"의 '생명'은 하나님의 생명인 '조에'를 의미합니다. 그리고
"그리스도와 함께… 감추어졌음이라"는 우리의 생명이 없다는 것이
아니라 잘 알지 못하는 것뿐이지 존재한다는 것입니다. 그리스도와
함께 감추어졌다는 말은 영적으로 깨어나지 못한 사람은 알 수가
없다는 뜻입니다.

하나님께서 우리를 자녀 삼아 주신 것은 우리로 하여금 세상에서

더 많은 지식을 배우도록 하기 위해서가 아니라 하나님의 지식을 통해서 세상을 변화시키도록 하기 위해서입니다. 따라서 우리에게는 세상적인 지식이나 하나님에 대한 나의 지식이 아니라 '하나님의 지식'이 필요합니다. 이 일을 위해서는 성령님께 인도함을 받는 삶을 살아야 합니다.

우리는 우리 밖에 있는 하나님이라는 신을 믿는 것이 아니라 우리의 영 안에 계신 하나님을 우리의 혼과 육을 통해서 나타내는 삶을 살아야 합니다. 우리 안에 하나님께서 계시기 때문에 우리는 하나님의 자녀로서 자연스럽게 하나님의 본성을 드러내야 합니다. 초자연적인 일은 우리에게 가장 자연스러운 일이 되어야 합니다. 왜냐하면 우리가 초자연적인 존재이기 때문입니다.

이 책을 통해서 말씀 - 성령 - 삶이 일치되는 신앙으로 우리 - 서로 - 함께 사랑하며 변해가는 공동체를 이루고, 하나님의 하루로 일터에서 킹덤빌더의 삶을 살기를 간절히 소망합니다.

말씀과 성령님의 만지심

헤븐리 터치
Heavenly Touch Ministry
헤븐리 터치 미니스트리

손기철 장로의

화요말씀치유집회
매주 화요일 신대방동
헤븐리터치센터에서 열립니다.

예수님께서는 공생애 사역 동안에 하나님나라의 복음을 전하시고, 그 나라의 도래에 따른 수많은 기사와 표적을 보여주셨습니다. 지금도 하나님의 영광이 임한 장소에서 그의 나라와 의를 구하는 자에게 뜻이 하늘에서 이루어진 것처럼 이 땅에서도 이루어지고 있습니다. 주님께서 허락하신 헤븐리터치센터에서 죄사함뿐만 아니라 상한 감정의 치유, 육신의 질병 치유, 은혜로 인한 형통, 악한 영으로부터의 해방을 경험하시기를 바랍니다.

2008년에 설립된 헤븐리터치 미니스트리(HTM:Heavenly Touch Ministry)는 치유 사역, 하나님나라의 복음 전파, 교회를 통한 사회변혁의 비전을 이루기 위해 교단과 교파를 초월하여 교회와 성도들을 섬기는 선교단체입니다.

장소 신대방동 헤븐리터치센터 임마누엘홀(본당)
일시 매주 화요일 저녁 7시 30분~밤 10시
인도 손기철 박사(HTM 대표)
집회 말씀과 치유 사역, 기도사역자 개인기도

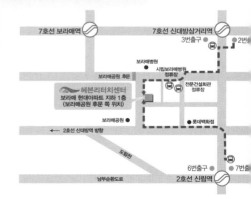

문의전화 02)576-0153 이메일 htm0691@naver.com, www.heavenlytouch.kr

HTM은 사단법인 한국독립교회 선교단체연합회(KAICAM) 소속 선교단체입니다.

HTM 홈페이지 안내 www.heavenlytouch.kr

HTM 홈페이지에서는 HTM의 모든 집회, 교육, 사역 안내와 손기철 장로의 말씀 영상을 볼 수 있으며, 킹덤 빌더 매거진, 온라인 강좌(서비스 예정) 등을 이용할 수 있습니다. 뿐만 아니라 HTM 집회와 도서, 동영상 등을 통해 치유를 경험한 성도님들의 치유 간증을 실시간으로 볼 수 있습니다.

HTM 페이스북 www.facebook.com/htm0691

하나님나라의 실제적인 삶을 더 많은 사람들에게 전하기 위해 매일 아침마다 손기철 장로와 윤현숙 목사의 '킹덤 빌더의 일용할 양식'을 페이스북에 올리고 있습니다. 매일 부딪히는 상황에 대한 기도, 성경말씀과 핵심을 찌르는 요약, 실제적 적용지침, 그리고 내용을 이미지화 한 사진으로 주님의 뜻을 이루는 하루가 되시기를 소망합니다.

하나님나라 복음을 선포하는 손기철 박사의 '킹덤북스' 시리즈

KINGDOM BOOKS 1
알고 싶어요 성령님
그분의 능력을 어떻게 받고
사용하는지에 대한 실제적이고
속 시원한 대답

KINGDOM BOOKS 2
알고 싶어요 하나님의 나라
하나님나라는 주의 뜻을 이루고자
하는 자에게 은혜로 주어지는
영적 세계다 _두란노 간

KINGDOM BOOKS 3
알고 싶어요 하나님의 의
우리는 이미 예수 그리스도 안에서
'하나님의 의'요 자녀다 _두란노 간

KINGDOM BOOKS 4
킹덤 빌더
이 땅에 도래한 하나님나라를
세워가는 사람

KINGDOM BOOKS 5
하나님의 힘으로 병이 낫는다
하나님나라 복음에 기초한
신유의 이론과 실제

KINGDOM BOOKS 6
기도하기 전에
기도에 실패한 이들을 위한
하나님나라 사고방식 안내서

하나님나라에서 예수 그리스도의 이름으로 사는 자

초판 1쇄 발행   2018년 6월 18일

지은이   손기철

펴낸이   여진구
책임편집   안수경, 최현수
편집   김아진, 이영주, 김윤향
책임디자인   마영애 | 노지현, 조아라
기획 · 홍보   김영하   해외저작권   기은혜
마케팅   김상순, 강성민, 허병용   마케팅지원   최영배, 정나영
제작   조영석, 정도봉   경영지원   김혜경, 김경희

이슬비전도학교   최경식   303비전성경암송학교   박정숙
303비전장학회 & 303비전꿈나무장학회   여운학

펴낸곳   규장

주소   06770 서울시 서초구 매헌로 16길 20(양재2동) 규장선교센터
전화   02)578-0003   팩스   02)578-7332
이메일   kyujang0691@gmail.com   홈페이지   www.kyujang.com
페이스북   facebook.com/kyujangbook   인스타그램   instagram.com/kyujang_com
카카오스토리   story.kakao.com/kyujangbook
등록일   1978.8.14. 제1-22

책값   뒤표지에 있습니다.
ISBN   978-89-6097-543-9   03230

규 | 장 | 수 | 칙

1. 기도로 기획하고 기도로 제작한다.
2. 오직 그리스도의 성품을 사모하는 독자가 원하고 필요로 하는 책만을 출판한다.
3. 한 활자 한 문장에 온 정성을 쏟는다.
4. 성실과 정확을 생명으로 삼고 일한다.
5. 긍정적이며 적극적인 신앙과 신행일치에의 안내자의 사명을 다한다.
6. 충고와 조언을 항상 감사로 경청한다.
7. 지상목표는 문서선교에 있다.

하나님을 사랑하는 자 곧 그의 뜻대로 부르심을 입은 자들에게는 모든 것이 合力하여 善을 이루느니라(롬 8:28)

규장은 문서를 통해 복음전파와 신앙교육에 주력하는 국제적 출판사들의
협의체인 복음주의출판협회(E.C.P.A:Evangelical Christian Publishers
Association)의 출판정신에 동참하는 회원(Associate Member)입니다.